爱的教养

亲子三分钟共情陪伴养育指南

朵妈陪娃团队　著

中国妇女出版社

推荐序

爱是最重要的事情

很高兴，又有一位妈妈作者被发掘，又有一本充满爱与智慧的好书要出版。

喜欢这个书名，因为爱是孩子成长中最重要的事情。有爱的家庭让孩子对这个世界充满了信任感和安全感；有爱的教养让孩子从小感受爱、学习爱，并成为有“爱心”和“爱力”的人。

所以，我一直坚信：有爱的孩子是不会走弯路的。

朵妈是两个宝贝的妈妈，也是有着丰富实战经验的家庭教育专家。她爱孩子、懂孩子，熟知教育的规律，理解父母的苦衷，所以她梳理出的话题，都是父母教育过程中的难点和痛点。

《爱的教养》这本书，从孩子成长的习惯、行为、言语、变化等六个方面入手，抓取了父母最关心、最困扰的 42 个常见问题，从发展心理学、教育学、社会学等多元角度去分析解读，既有教育的“道”——孩子成长的重要规律、教育的重要原则，也有教育的“术”——实用的解决策略、有爱的教育方法。

特别认同朵妈在自序中所表达的观点：孩子成长中的有些问题，其实是正常的发展现象，是成长中的阶段性问题。父母需要“从表象看到本质”，才能找到解决问题的关键所在。“其实孩子的成长是有规律可循的，抓住孩子成长的关键期，育儿就能变得更轻松”。

朵妈也提醒父母要提防过高的期待带来的焦虑，这种焦虑会导致孩子的问题被无限放大。有时候父母对待孩子问题的态度和方式，折射出的是父母自己尚未解决的人生困境。所以，这本书既能帮助我们更好地认识孩子，也能帮助我们更好地认识自己。

如果用几个关键词来表达我对这本书的印象，我想应该是下面这些词——

小切口，大痛点。相信很多读者和我一样，看到目录就迫不及待地翻开书。朵妈精准地切中教养中的高频疑难问题，犹如剥洋葱一般，层层深入，直抵核心。例如，针对孩子“不愿意分享”的话题，朵妈果断地亮出观点“不爱分享≠自私”，坚决反对道德化的标签。然后深入剖析“为什么孩子不愿意分享”，其核心是孩子正在发展自我意识，这是孩子在宣示对“我的”物品的主权，是对所有物的一种“保护”。相信看到这里，父母们也豁然开朗了。朵妈并没有浅尝辄止，又设计了两个实用的亲子游戏。“排排坐，吃果果”让孩子为家庭成员“分发水果”，亲自体验分享带来的成就感。“惊喜盒子”犹如一个爱的盲盒，营造家庭成员抽取礼物、分享礼物的温馨氛围，在惊喜中让孩子感受分享的乐趣。

小问题，大视角。在当今快速发展的社会，父母和孩子都承受着前所未有的压力，所以，即使是家庭教育中的小问题，也不能小看。朵妈怀着认真的态度，把每个小问题从不同角度进行了解读。

首先通过“场景漫画”对问题进行再现，其次通过“理论分析”对问题进行分析，再次通过“朵妈游戏巧解难”提供解决问题的方案，最后通过“朵妈育儿经”对问题进行画龙点睛的提升。在探讨孩子“拖延”问题时，朵妈是这么总结的：“很多时候，孩子的‘慢’，其实是与我们的‘急’对比而来的，与其过早地给孩子贴上‘拖延症’的标签，不如尝试着在快节奏的生活中，享受孩子的‘慢’时光，或许会取得更理想的效果。”

小游戏，大智慧。我个人特别喜欢朵妈设计的家庭亲子游戏。在我看来，教养不仅仅需要科学的常识，也需要教育的艺术。朵妈澄清了教育中的含糊概念：幼儿脏话的背后是正在经历诅咒敏感期；说谎背后有意义障碍期的反抗心理；孩子被小伙伴排挤，更多的是社交能力和技巧的问题……而教育的艺术部分，朵妈充分发挥了想象力，通过好玩的游戏、轻松的互动，一一化解问题。例如：通过“蝴蝶呼吸”的游戏，帮助孩子转移注意力，缓解负面情绪；对喜欢唱反调的孩子，设计了“正话反说”“今天我说了算”的游戏，充分尊重孩子的表达欲望；对喜欢插嘴的孩子，设计了“说话按钮”的游戏，想说话的时候，彼此拍拍手背，让孩子学会互相尊重；对离不开安抚物、有分离焦虑的孩子，朵妈设计了“爱的电话机”和“甜蜜的约定”的游戏，帮助孩子勇敢表达爱，增强孩子的安全感。

朵妈就是这样一位有着浓浓爱意和善意的作者。她充满童趣，懂得孩子的心理，善于启发孩子的创造力，她提醒我们重归初心，去倾听孩子、去尊重孩子；她也充满智慧，理解父母的不易，帮助父母去寻找问题背后的症结，化繁为简，缓解焦虑，积极赋能，有效训练。她让我们相信：爱是最重要的事情，有爱的教养，才能滋养出有爱的生命。

期待这本语言简洁、思路清晰、有趣有用的“爱的宝典”成为父母们的架上书、案头书和枕边书 。

祝　薇

中国少年儿童新闻出版总社知心姐姐教育服务中心总监

自序

不断突破的人生，充满惊喜

以前经常会有人问我：为什么要做“朵妈陪娃”这个公众号？

其实初衷很简单，因为看到身边很多家长朋友意识到了陪娃的重要性却又有心无力的现象，所以想把自己跟朵朵经常玩的亲子游戏分享给大家。

不过后来，随着关注“朵妈陪娃”的粉丝越来越多，大家关心关注的话题越来越广泛，我也在跟大家的互动中不断突破自己。从陪玩游戏到育儿理念，我在一边摸索，一边总结的过程中，不断学习育儿知识，总结育儿经验，努力让“朵妈陪娃”变得更加丰富多元。

在这个过程中，有被质疑过、被误解过，但更多的是收获了大家的信任，也正是这份信任，给了我不断探索新领域的勇气。

于是这两年我做了很多之前想都不敢想的事，例如，在“朵妈陪娃”公众号粉丝超过300万的时候，跟粉丝分享：百万级母婴IP到底挣不挣钱；参加少儿综艺节目的录制；还有这一次，在编辑的鼓励下，将“三分钟栏目”整理出书。

随着“朵妈陪娃”被越来越多的家长关注和信任，我一个人的力量也更显微薄，所以慢慢地从一个人发展到近百人的团队，只为了给大家呈现更优质的内容，给到大家更贴心的帮助。每一次新的挑战，都离不开团队里众多小伙伴的帮助。这次写书也是如此，所以大家可以看到本书用了“朵妈陪娃团队”来署名。一个人的力量是有限的，但团队的力量是无限的，不管发展有多大，我们都将走好每一步，始终不忘初心：制作更多优秀的内容，帮助更多需要帮助的家庭。

现在回过头来看，这些之前想都没想过的事，做着做着却都一件件完成了，最终的结果甚至还远远超过了最初的预期。

如果大家问我这些突破给我带来了哪些影响，我想最大的影响就是：让我看到了人生更多的可能性。有机会尝试新的事情，对于每个人来说都是很难得的，当我们积极、勇敢地去面对挑战，不论最终结果如何，相信我们都会有收获。

善于发现的育儿，变得轻松

办公众号的这几年，我接触了非常多的家庭，也收到了家长们各种各样的提问。这让我知道，有越来越多的父母，他们重视孩子的成长和健康，重视孩子的发展和教育，同时也愿意花时间学习，和孩子一起成长进步。

慢慢我发现有些看起来很简单的问题，在家长眼里却非常严重，就怕一次没处理好给孩子造成不好的影响。但是想处理好并不意味着能处理好，很多家长经常处在担心却又无力的状态。

好在育儿问题跟应对其他问题一样，从表象看到本质就能找到解决问题的关键所在。

比如，有的孩子已经六七岁了，可还是会抱着一个两岁时买的布娃娃不撒手。家长看到的是孩子喜欢那个布娃娃，却并不清楚这个布娃娃对孩子来说其实是意义非凡的安抚物，它的陪伴缓解了孩子因为妈妈不在身边而产生的不安全感。如果家长了解到这些，就不会介意孩子不管到哪儿都要带着布娃娃了。

另外，我发现很多家长对自己养育孩子的要求越来越高，这些高要求又被反映到孩子身上，一旦孩子出现一个小问题，就会被放大很多倍。比如，孩子不好好吃饭，父母就会想：不好好吃饭就会营养不良，营养不良就会长不高；长不高就会容易受欺负，受欺负就不能很好地度过学生时代，对成绩也会有很大的影响；成绩不好就考不上好学校，考不上好学校就找不到好工作；找不到好工作就难以找对象，找不到对象就要孤独终老……

这会造成父母育儿焦虑，不仅影响父母的生活，也影响孩子成长。其实孩子的成长是有规律可循的，抓住孩子成长的关键期，育儿就能变得更轻松。

坚持自我成长的父母，更懂孩子

都说父母是孩子的第一任教师，带给孩子的影响是方方面面的，对学龄前的孩子来说更是如此。这个时期孩子的生活环境相对简单、稳定，接触的事物比较单一，而这个时期父母要做的很简单——足够的陪伴和及时的回应。

我看过很多孩子被家长贴上叛逆、不听话、难搞的标签，但细聊后发现，他们身上出现的只是一些很普通的问题，例如，孩子哭闹、不愿意收拾、做事散漫，等等。这些在家长看来很麻烦的问题，有时只是孩子依赖和需要家长的一种表现。如果父母给予及时的回应，并且告诉孩子“爸爸妈妈相信你可以做好，如果你需要帮助，我们会一直在你身后”，这些问题可能就会迎刃而解。

换一个角度来看，做父母的我们需要明白一件事情：很多问题看似是孩子的问题，但更应该在自己身上找原因。比如，孩子不好好吃饭、喜欢讨价还价、沉迷电子游戏，等等。这些问题是不是因为父母没有跟孩子建立好规则意识？是不是因为父母先跟孩子讨价还价？……

在这本书里，我还专门用了一个章节，跟大家聊一聊做父母后遇到的一些焦虑和难题，希望在帮助大家解决问题之余，更能帮助大家找到问题根源，让育儿变得轻松。

对我来说，学习儿童心理学知识最大的益处在于它让我更懂自己，也更懂孩子。

每个孩子的性格不同，每个家庭的相处模式也不同，所以没有哪一种育儿方法是对每个家庭都适用的，也没有哪一种好父母的标准是放之四海而皆准的。育儿是件很复杂的事，它需要父母长时间的用心、耐心和付出，但它也可以变得简单，只要父母愿意去了解、懂得孩子。

最后，想强调一点，作为父母，我们不要用别人的条条框框约束自己、苛求孩子，而是要先面对自己，再了解孩子。做好这两点，相信一定能收获好的育儿效果。

朵　妈

2021 年 11 月 30 日

目 录

第一章 小习惯，不被重视的“萌芽”

论孩子良好习惯养成的重要性。

第二章 小行为，不被共情的“任性”

站在孩子的角度去解读他们的任性。

第三章 小言语，不被理解的“疯狂”

“童言童语”是孩子语言发育期的必经之路。

第四章 小变化，不被接受的“叛逆”

孩子叛逆可能是自我意识发展的产物。

第五章 小秘密，不被发现的“怪异”

孩子是独立的个体，需要被尊重和平等对待。

第六章 小父母，不被束缚的“焦虑”

育儿过程中，父母把自己也当作孩子，跟着孩子一起成长，是一件幸福的事。

附录 利用亲子游戏，提升陪娃质量

第一章

小习惯，不被重视的“萌芽”

论孩子良好习惯养成的重要性。

1

孩子好好吃饭怎么这么难

孩子为什么不好好吃饭

“我家孩子吃饭时，一定要放他喜欢的动画片，不然就不吃饭。”“一到吃饭的点，我妈就端着碗满屋子地喂，不让喂老人还跟我急，说怕饿着孩子。”“我闺女吃饭能吃1小时，一口饭在嘴里能含10分钟，吃饭对她来说似乎是一件特别痛苦的事。”……

家有“饭渣”孩子的家长，疑惑不已：孩子为什么就不能好好吃饭呢？

▲ 身体不舒服或者单纯的不饿

当孩子生病或太累时，相比吃饭，他们更需要好好休息。

另外，孩子的消化系统功能发育还不成熟，如果孩子的用餐时间间隔较近，加上中间还吃了零食、水果，那么到了饭点，他肯定是“不饿”的状态。一些家长会觉得孩子说“不饿”是在为玩找“借口”，于是就出现一个追着喂、一个含在嘴里老半天的情况。

大多数孩子因为嘴巴较小，吞咽能力有限，所以有时候不是孩子挑食，而是他们对食材的大小和软硬程度有着和大人不同的需求。很多时候，他们会因为一口塞不进去，或者吞咽困难而对某些食物甚至吃饭这件事产生排斥和厌恶。

▲ 心理负担和自我意识强烈

大多数家长把吃饭这件事看得很重，生怕孩子少吃会影响发育，所以会准备丰盛的饭菜，一旦孩子没有完成“吃饭额”，家长就会加以干涉，轻则哄着让孩子多吃一点，重则吼骂孩子，强制让孩子吃完。孩子知道，如果他不吃的话大人会不开心，但是他又没办法吃下那么多，就采用了“拖”这一策略。

另外，孩子在三四岁时，自我意识迅速发展，他开始意识到“原来有些事是由我来决定的”，他会一次次用小行为来试探自己可以做的事的范围。“原来我说这个不好吃，妈妈是会换掉的。”“原来我哭的话，是可以不用吃这么多的。”……他用一次次的试探换来了自己想要的结果，也就不会那么配合大人了。

培养孩子良好的用餐习惯很重要

婷婷原本是个认真吃饭的乖宝宝，可上了幼儿园之后，反而变成让人苦恼的“不爱吃饭星人”。仔细和婷婷妈妈聊过之后才知道，原来问题的关键在于，孩子在幼儿园吃饱了，到家又被哄着、强迫着吃饭，久而久之，不管是在幼儿园还是在家里，她都没办法好好吃饭了。

和婷婷一样不愿意好好吃饭的小轩，情况有些许不一样：他经常不肯吃正餐，大家都吃完了，他却哼哼着要吃东西。孩子不吃怎么办？爷爷奶奶着急得不行，所以每天都给孩子“加餐”，专门给他准备他爱吃的。小轩爸妈很反对，说就让他饿着，饿几次就知道正餐时要吃饭了，但老人还是偷偷地给孩子“加餐”。

其实，大部分的时候，孩子不吃饭并不是厌恶食物本身，而是像婷婷一样迷惘“究竟什么时候吃饭”，或像小轩一样“反正这会儿不吃等会儿还有得吃”……在让孩子好好吃饭这件事情上，我们要花点小心思，除了控制孩子的零食数量、丰富食物的种类、增强孩子的运动量、让孩子参与到食物的准备和制作中来这些方法之外，还有关键的几点也要注意。

▲ 准备专座和专用餐具

孩子虽然小，但也给他安排专人专座，给孩子一个固定的吃饭位置。让孩子挑选他喜欢的餐具，饭后还可以让孩子参与到收拾和清理的过程中来。

对已经有不良吃饭习惯的孩子来说，一开始让他坐在餐桌边会有些困难，家长一定要起好带头作用，而不是自己坐在电视机前一边吃饭一边看电视。

▲ 固定用餐时间

很多家长在正餐时间由着孩子不吃饭，过后又因为心疼孩子，不得不给孩子加餐，或者直接让孩子吃一些零食了事。殊不知，孩子一顿不吃不会饿坏身体，但紊乱的用餐时间却会让孩子变得越来越不爱吃饭。

▲ 拒绝哄饭、喂饭

“如果你吃十口，我就给你放动画片。”“如果你吃完这碗饭，我就带你去游乐场。”……

不得不承认的是，给孩子物质奖励在短时间内确实能够高效快速地解决问题，但从长远来看，会让孩子对做什么都缺乏兴致，即使刚开始有兴趣也会很快失去动力。因为奖励会导致孩子把注意力从事情的本身转移到外部奖励上。

家长需要让孩子知道——吃或者不吃，是你的事。有些隔代养育孩子的家庭，即便爸爸妈妈不喂，爷爷奶奶看不过去也会心疼地给孩子喂饭。长此以往，孩子就会觉得“我吃饭是为了你们”。

所以一定要拒绝哄饭、喂饭，跟家中长辈说好，避免言行不一。

朵妈游戏巧解难

想让孩子吃饭香、养成好的用餐习惯，可以试试下面这些好玩的游戏，在愉快的亲子互动中，让孩子慢慢地爱上吃饭。

美食在说话

道具：常见食材，如花生、海苔、西蓝花、生菜等。

玩法：认识食材，带孩子了解食物的颜色、形状、营养元素以及生长环境等，充分引起孩子的兴趣。听食物的声音，挑选烹饪好的食物，一边咀嚼一边让孩子将耳朵贴在大人的脸颊边仔细听，或者用手机进行录音。通过“形、色、味、声”多个角度，让孩子全方位地认识食物，感受食物的美妙和美味。

“空投”来咯

道具：勺子、筷子、食物。

玩法：大人和孩子相互进行“投喂”，如，家长舀一勺土豆泥，跟宝宝说：“宝贝，食物装载完成咯，30 秒后到达，请做好准备。”“今天运送的是超级美味又营养的土豆泥，降落在哪里好呢？”宝贝张开小嘴，“降落成功，宝贝开始享受美食吧。”

朵妈育儿经

“每一个好好吃饭的孩子，都是上天派来的天使。”

吃饭不是一项任务，不是到点了就罗列几样要吃的东西逼着孩子吃掉，这样只会让孩子对吃饭产生恐惧。而孩子不吃饭，让他饿一顿，也并不能从根源上解决问题。

每个孩子的身体发育情况不一样，家长无须以别人家孩子的饭量来要求自家孩子。了解孩子的成长发育情况，熟悉孩子的性格脾气，帮助孩子养成良好的饮食习惯，这才是长远解决“不好好吃饭”的良方。

2

拿晚睡的孩子没辙了

朵妈，孩子也喜欢熬夜吗？我家小立每晚要到 12 点才睡。
!!!
早上起得来吗？
就是起不来啊！典型的晚上睡不着，早上起不来。
为什么总是那么晚才睡呢？
他说就是不困！听故事、喝水、上厕所，一晚上来回重复好几遍！
这可怎么办才好呢？
别着急，孩子的睡眠习惯要慢慢调整。咱们先找找孩子晚睡的原因。
1
2
3
4

现在的孩子，为什么都晚睡

睡眠对于孩子的成长发育至关重要。科学研究表明，3~5 岁孩子最佳的睡眠时间为 10~13 小时。

尽管家长费尽心思制订了科学的作息时间表，但依然架不住孩子成为“熬夜小能手”“拖睡小天才”……

孩子为什么喜欢晚睡，大部分是因为以下的原因。

▲ 舍不得睡

随着年龄增长，孩子探索事物的欲望逐渐增强，大脑皮层越发活跃。如果白天吸收了太多新的信息，在一知半解之间，大脑还处于兴奋的状态，他们担心睡着之后自己会“失去”那些好玩的事物，所以不舍得入睡。

如果平时家长陪伴孩子的时间太少，孩子的情感需求没有得到满足，他们也会因为想要跟爸爸妈妈多相处一会儿而不舍得睡。

▲ 不敢睡

对于小一点的孩子或者胆小的孩子来说，睡着是一件非常恐怖的事情：他们觉得会有怪物出来，自己一个人好孤单，睡着后还能醒来吗……

家长要理解，孩子在成长期有认知局限是一件很正常的事，不能因此忽视了孩子的恐惧感。如果父母给予孩子充分的理解和耐心的陪伴，孩子慢慢就会缓解对睡觉的恐惧感。

▲ 睡不着

睡不着与孩子生理状态有关，如睡前 1~2 小时玩得太兴奋、吃得太饱，加上孩子白天运动量少、白天睡太久晚上没有睡意……如果是这些因素导致孩子睡不着，则需要我们及时关注孩子的身体状况，通过有效的方法帮助孩子消除这些导致孩子睡不着的因素。

如何让孩子拥有甜甜的睡眠

点点是小区里人见人爱的小女孩，一直照顾她的奶奶也经常说点点平时都很乖，就是哄睡很麻烦：

"以前晚睡最多到 11 点，现在基本上 12 点之后才能睡着。"

"尤其是最近，孩子妈妈工作比较忙，下班晚，孩子就一定要等妈妈回来了，才肯上床。"

"妈妈没回来就一直等，妈妈回来就黏着妈妈不肯放手。"

"明明很困了，就是要拉着妈妈的手不放。睡得晚，第二天起不来，匆匆忙忙、丢三落四、上学迟到就成了必然。"

不难看出，点点之所以不愿意入睡，最主要的是希望有更多跟妈妈相处的时光。针对这样的情况，只需要妈妈更多的陪伴，抑或是平时一家人多和孩子互动，其实就可以得到很好的改善。

要让孩子拥有甜甜的睡眠，除了及时关注孩子的身体状况，提升孩子的运动量，还可以试试下面的方法。

▲ 充分满足孩子的情感需求

随着孩子逐渐长大，他们的情感需求也在不断增强，及时、充分满足孩子的情感需求变得尤其重要。

帮助孩子完成未完成的事情，给他高质量的陪伴以及满满的安全感，让孩子内心保持平和、稳定，这是让孩子拥有好睡眠的基础。

▲ 及时了解孩子的身体状况

好的睡眠，需要保持好的心态，当然也需要有好的身体状态。及时了解孩子的身体状况，帮助孩子消除不舒适感，可以让孩子更快地进入睡眠，同时，也能让孩子拥有深度的好睡眠。

▲ 创造舒适的睡眠环境

尽可能消除对孩子睡眠不利的影响因素，保持卧室的舒适度，给孩子打造一个温馨、舒适、安静的睡眠环境，对于好的睡眠来说同样重要。

对于因为怕黑而不敢睡的孩子，可以使用夜灯或调暗光线；对于不能独立睡觉的孩子，父母可以选择短时陪同。

▲ 坚持执行合理的作息计划

在孩子有了时间概念后，和孩子一起制订作息时间表，有助于孩子良好睡眠习惯的养成。

例如，7 点起床，穿衣服、叠被子（赖床的话可以给予适当的惩罚）；晚上 9 点做睡前准备，父母也要做到关电视、放下手机；9 点半是故事时间，讲一个 10 分钟左右的故事（说好一个就是一个）。

一份实用性强的作息时间表，要充分考虑到孩子的年龄、性格等特点。作息时间表制订完成后，就需要我们长期、坚定地执行。

▲ 仪式感

父母可以带孩子在睡前 10~20 分钟做一系列同样的事情，比如洗澡、洗脸、刷牙、看书、听舒缓的音乐等。每晚如此，久而久之，孩子的大脑就会形成条件反射：我该休息了。

另外，睡前跟孩子亲亲脸，并跟他说：“我爱你，晚安！”这也是很好的语言仪式。

朵妈游戏巧解难

睡前动一动

家长可以带着孩子在床上做一做简单的拉伸运动，妈妈可以用轻快律动的口令帮助孩子进入放松状态：

“伸伸我的小胳膊，我今天真快乐！”“动动我的小双腿，放松身体真舒服！”“扭扭我的小腰腰，我要早点睡觉觉！”“转转我的小脖子，舒舒服服躺下去！”“眨眨我的小眼睛，晚安我的小宝宝！”……

在运动的过程中，大人也可以趁机让孩子完成他的“睡前表达欲”，分享他今天的一些所见所闻。

灵敏的耳朵

闭上眼睛，我们的耳朵会变得更加灵敏。夜晚，世界变得安静下来，但是仔细听，肯定可以听到平时听不到的声音。例如，知了、风吹的声音，还有心跳声、呼吸声……

这样的过程，不仅可以让孩子慢慢安静下来，还可以很好地锻炼孩子的专注力，让孩子愉快地入睡。

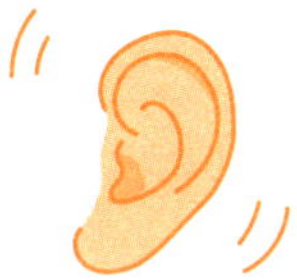

朵妈育儿经

“孩子睡着了，嘴角微微上扬，应该是做了甜甜的梦，连我们也感到幸福！”

都说吃和睡是人类的两种终极欲望，但是如果为了孩子更好地成长，我们总是让他多吃、多睡，让吃饭和睡眠变成不愉快的事，那么结果可能是事与愿违的。

与其强迫孩子每天一定要吃够多少食物、睡足多少小时，不如耐心一些，和孩子一起培养更规律的生活习惯，会让孩子的成长更舒心、更快乐。

3

吃手、啃指甲是什么原因

手和指甲就那么好吃吗

研究表明，约 50% 的儿童会在 1 岁左右爱上吃手指、啃指甲，而且从不需要别人教，也不用跟谁学。可以说，吃手指、啃指甲是孩子自带的“天赋”，所以不用过多担心。

但是，针对前文中说到的案例，孩子 6 岁以后还在啃指甲，尤其是很长一段时间之后突然出现啃指甲的情况，影响了孩子的正常生活，就需要引起我们的重视了。

▲ 1 岁前的口欲期

1 岁前，小月龄孩子用嘴唇来认识这个世界，他们通过吮吸、吞咽和咀嚼等口部的活动来获得快乐和安全感。这就是我们常常听到的“口欲期”。

对于婴儿在“口欲期”吃手等行为，家长不用刻意阻止，注意孩子的卫生情况即可。过多的阻止反而会增加孩子的不安感，在后期还会出现“啃指甲”“咬东西”等弥补“口欲期”缺失的行为。

▲ 3~6 岁的应激反应

1 岁之前，我们将孩子啃指甲的行为归类为正常的吮吸需求。3~6 岁，孩子继续啃指甲，严重时甚至发展成撕扯指甲周围表皮、咬破出血。

从心理学上来说，这个阶段，孩子啃指甲的行为，大多反映一些心理情绪，如紧张、抑郁、沮丧、自卑感、敌对感等。有些孩子是在家长唠叨、批评后，因心理压抑转而通过啃指甲宣泄内心压力；

或是受到老师批评、训斥，进而产生紧张、焦虑的情绪，成为继发性精神刺激因素。

对于孩子因为情绪不稳定、精神紧张造成的啃指甲现象，父母要找到问题的根源，进行缓解和调整。如果长时间不加以重视和制止，孩子会逐步养成不良习惯，其负面影响甚至会延续到成年之后。

如何有效阻止孩子啃指甲

小虎妈妈说小虎以前也啃指甲，但中间隔了很长一段时间不啃了，不知道为什么最近又啃上了。指甲被啃得凹凸不平，有些手指还破皮出血了。

关于啃指甲的坏处，小虎妈妈不知道跟小虎反复说了多少次，结尾也会温柔地加上一句：小虎，以后不要再啃指甲了。

倒是没当面瞧见小虎再啃指甲，但每到“剪指甲日”，看着光秃秃的手指，小虎妈妈知道：小虎又偷偷啃指甲了。

气不打一处来的小虎妈妈重重地打了他的小手和嘴巴，并说：“下次让我看见，会打得更重！”

强硬的处理方式并不能完全杜绝孩子啃指甲，针对孩子啃指甲的现象，家长要从这几点出发来应对。

▲ 消除孩子的紧张、焦虑情绪

3~6 岁孩子还出现啃指甲现象，其原因有很多，当孩子感觉到自己不被关注，缺乏安全感，很容易产生紧张、焦虑的情绪，进而出现啃指甲的行为。所以就这一点而言，家长最重要的是帮助孩子缓解紧张、焦虑的情绪。

不同年龄段，孩子焦虑的原因各不相同。学龄前的孩子可能是与家长在一起的时间比较少；已经上学的孩子可能是受到了环境的影响，比如换老师、换座位等，导致孩子情绪紧张、压力大……

针对不同的原因，给孩子及时的关心和帮助，可以让孩子更好地应对压力，消除焦虑情绪。

▲ 保持自己的情绪平和

孩子是非常敏感的，父母的焦虑情绪会在不经意中传递给孩子。就像小虎妈妈，她看到小虎被咬秃的指甲，忍不住发火的行为，再一次加重了孩子的紧张情绪。

大人的焦虑有多方面的原因，建议先找到焦虑的点，然后“对症下药”去缓解自己的焦虑。给大家分享一下我自己常用的缓解焦虑的方法。拿出一张纸，依次梳理以下五个点：

☆ 我现在焦虑的到底是什么事情？
☆ 如果焦虑的这件事情发生了，最坏的情况是什么？
☆ 如果最坏的情况真的发生了，怎么做更合适？写出三个措施。
☆ 怎样预防最坏的事情发生？写出三个措施。
☆ 在上面已经列出的六个措施里选出最有效的一个，然后执行。

其实焦虑并不可怕，可怕的是我们用焦虑的情绪与孩子对话。及时梳理自己的焦虑情绪，保持情绪平和，才能够给孩子带来积极、正面的影响，自然也能够缓解孩子的焦虑和紧张。

▲ 给孩子高质量的陪伴

家长的用心陪伴，一来可以及时了解孩子的情绪变化是由什么原因导致的；二来可以和孩子保持亲密无间的沟通，满足孩子细微的情感需求。用心陪伴孩子，不仅会让我们收获良好的亲子关系，也会让我们在应对孩子成长难题的时候更加得心应手。

孩子啃指甲的原因可能是多种多样的，而我们的应对方法也应该是有针对性的。不过，我们始终都该坚持的原则是：不要用粗暴的方式制止，而是有意识地去开导、鼓励孩子把真实的感受说出来，和他一起分析事情发生的缘由和解决办法。

朵妈游戏巧解难

我们可以借助游戏帮助孩子改掉啃手指的坏习惯。

看看我能坚持多久

跟孩子做一个“我能坚持 X 天不咬指甲”的小游戏。准备一张纸和孩子喜欢的贴纸，然后在家人有仪式感的见证下开始这个游戏，与孩子约定每坚持完成一个阶段就能获得惊喜奖励。

口袋里的硬币

孩子和妈妈在自己的口袋里各放入一枚硬币，同时将手放进衣服口袋，一起翻转口袋里的硬币，在心里默数翻转的次数。爸爸在一旁计时，30 秒之后，孩子和妈妈各自说出自己翻转的次数，进行比较。

在孩子了解了翻转硬币的游戏之后，父母可以在孩子的衣服口袋里放一枚硬币，告诉孩子，在他想要啃指甲的时候，就可以自己玩翻转硬币的游戏来转移注意力。

为避免孩子沉迷翻转硬币的游戏，父母也要及时关注孩子的情况，给予孩子改正后的肯定，从而让孩子有信心不再啃指甲。

朵妈育儿经

“为人父母，给孩子最好的教育，是情绪稳定。”

这里的稳定不是不哭不笑，也不是了无生趣，而是“温柔而坚定”。温柔指的是不着急上火、温和平静；坚定指的是不允许的行为就是不允许。在面对孩子的不良习惯时，家长需耐心地跟孩子沟通，了解其原因，告知孩子这些坏习惯的影响，给出孩子改正的方法和建议。

4

孩子为什么不爱收拾

朵妈，我每天收拾，家里还是一团糟。天天跟在谷谷后面收拾，腰都废了。
心疼你。
①
不知道他什么时候才会主动收拾？
他已经5岁了，要有意识地让他自己收拾。
②
可他根本不会，我也没办法。
他知道他不收拾你会收拾，自然也就不愿自己动手了。不如我们把孩子的事交还给孩子吧。
③

自从有了孩子，干净离了家

你有过这样的经历吗？刚把孩子的玩具都收拾好，一转身，他又全部倒了出来；明明所有的东西都归置得好好的，可孩子用完，永远都不会放回原处；刚刚把餐桌收拾好，转身小家伙又把汤汁饭菜洒了一地……

为什么孩子这么不爱收拾呢？

其实不然，就像谷谷不参与整理，完全是因为他不会，只要我们耐心调教，他自然而然就愿意主动收拾了。

除此之外，导致孩子不爱收拾的原因还有如下几点。

▲ 不懂——没有收纳意识

整理涉及分门别类、归纳等，也会用到先后和合理利用空间等逻辑，但孩子对于这些是没有概念的。他们经常随手拿、随手放，由着自己的意愿来做出行动，自然也就不懂得有意识地进行整理和收纳自己的东西。

▲ 不会——缺少整理训练

这一点和谷谷不爱收拾的原因一致。因为爷爷奶奶的宠爱以及我们潜意识里认为孩子太小，导致我们总是在帮孩子“收尾”，所以他们根本不了解搞乱之后还有整理这个步骤。

此外，由于缺少收拾整理方面的训练，孩子不知道要怎么收拾，因此，只能把自己弄的“烂摊子”留给大人来收拾。

▲ 不愿——表达负面情绪

孩子的很多行为，其实都有深层的情感需求。

如果孩子在明知不能乱扔、被告知要收拾的情况下，依然不愿意收纳、整理，这很可能是由他的负面情绪所导致的。

孩子试图通过“反抗”来引起大人的关注，是因为更希望大人能够先照顾他的情绪。

收纳整理和秩序感

雅雅是个二年级的孩子了，平时大家都很喜欢这个乖乖的孩子，但雅雅妈妈却有点头疼，因为雅雅太不爱收拾了。

“每次上学前，不是找课本，就是找文具，总是不知道东西丢哪里了。”

“不管起床有多早，到最后总是因为要找东西，只能跑着去学校。”

“这不算什么，放学回来，还有更让人着急上头的——找作业本。”

“一会儿找不到语文作业本，一会儿找不到英语书，书包翻个底朝天，柜子也要找个遍，等这些东西都找到了，差不多也八九点了，所以，每次写完作业都到了十一二点。”

“唉，这孩子什么都好，就是这丢三落四、不爱收拾的毛病呀，不知道什么时候能改掉。”

……

我跟雅雅妈妈聊过，其实雅雅的情况并不是什么严重的问题，主要是爷爷奶奶和家里人都太宠着雅雅了，几乎没有让她自己收拾整理过东西，雅雅自然也就没有收纳的意识，更不会主动地整理好自己的东西。

丢三落四、找东西，这些可能是很多孩子都会出现的问题，家长稍加提醒就好。但是如果像雅雅这样，严重影响到做事效率，就得引起重视了。孩子收纳整理的能力，其实还与秩序感、条理性以及逻辑能力有关。那么，我们该如何培养孩子的收纳习惯呢？

▲ 培养秩序感

孩子还很小的时候，自我意识不够完善，不会自主收拾玩具、绘本，这个时候，爸爸妈妈就需要培养孩子的秩序感，告诉孩子“哪里拿，放回哪里”。

我们可以用拟人化的语气，让孩子主动将玩具都归位：时间太晚了，小汽车要回家休息了，故事书的家是书柜哦……

▲ 减少选择项

拥有过多玩具的孩子，一方面很难集中注意力在一个玩具上；另一方面，混乱之中，他很难做到有条有理，更难完成后续的收拾整理。一次给一个玩具，如果孩子再要玩新玩具，就要先把之前的玩具收拾好。

▲ 巧妙沟通

父母除了以身作则给孩子做好的示范，为孩子提供良好的生活环境之外，更要及时提醒和即时表扬孩子。

孩子将鞋子乱扔不收进鞋柜时，父母可以通过提问的方法提醒他：“你觉得鞋子放在哪儿合适呢？”孩子没听见时可以再进一步提醒：“我好像听到鞋柜在呼唤它们呢，说一天没见很想见它们。”

在孩子主动完成收纳后，家长也要做到即时认可和表扬，比如，今天你将鞋子放进了鞋柜，这件事做得特别好。孩子在得到肯定之后，也会更有动力将这一正确行为坚持下去。

朵妈游戏巧解难

把枯燥的收纳变成孩子喜爱的游戏，孩子就不会觉得收纳是一项任务了，在愉快的打闹中，很快就能收拾好“残局”。

分类游戏

以积木这种杂乱的玩具为例，分类游戏是最合适不过的。和孩子一起做好纸袋（篮子、塑料盒等均可），用颜色加以区分，每一种颜色代表一类零件，让孩子根据颜色把零件一块一块放到对应的纸袋里去。

同时，我们还可以一起参与分类比赛，谁完成得更好、更快，就可以得到小红花作为奖励。当孩子感受到了分类的乐趣和意义，那么游戏之外的时间，孩子也能随手整理、收拾。

玩具管理员

给孩子一个特别的头衔——玩具管理员，让孩子获得一些权力，他们会更乐意参与整理。

首先，我们需要给全部的玩具进行盘点、分类；其次，我们还可以给玩具贴上标签；最后，把全部玩具的名册给孩子，让孩子负责保管。长期互动之后，孩子会对玩具的收拾更有主动性。

朵妈育儿经

“一室之不治，何以天下家国为？”

《有条理的孩子更成功》一书写道，保持整洁有序需要大量的“微技能”，也需要合理利用有效工具。简言之，保持整洁有序对孩子来说并不是一件简单的事。

我们不必让孩子成为一个收纳达人，但是也需要有意识地让孩子参与到家务中来，培养他们的秩序感，让他们积极、主动地做好这件事。

5

怎样才能让孩子爱上阅读

为什么孩子缺乏阅读兴趣

家长越来越重视孩子的阅读，也买了很多书放在家里，但孩子对阅读还是提不起兴趣。

在现在孩子成长的环境中，电子产品占据了孩子越来越多的时间，玩具的可选择性也非常多，导致孩子没有时间阅读。另外，在六七岁之前，孩子还处在前阅读阶段，并未掌握足够的阅读技能。

一方面是没时间读，另一方面是不知道怎么去读，这就导致孩子对阅读提不起兴趣。

▲ 缺乏阅读兴趣

孩子天生对好玩、有趣的活动感兴趣，对阅读这种需要安静、专注的活动有些抗拒。所以培养孩子阅读兴趣这件事情，是需要我们花费时间、精力才能看到效果的。例如，家庭氛围的营造、阅读书籍的选择，以及阅读的具体方式，等等。

▲ 阅读困难，难以坚持

3~6 岁是孩子语言发育敏感期，他们对知识的渴求强烈，但认识的字句有限，知识欠缺，所以在阅读的过程中会遇到很多的困难。

如果身边的大人没有及时给予帮助，那么孩子很可能因此而放弃阅读，长此以往，自然而然就对阅读提不起兴趣了。

▲ 被阻碍的阅读习惯

不论是看书还是看电视，我们会发现，孩子经常反反复复地看同一页、同一集的内容。这个现象其实不难理解，因为孩子的逻辑力、记忆力较弱，他们需要一遍遍地重复，才能把全部的内容连贯起来。

与此同时，也正是因为逻辑力的缺乏，孩子在阅读时很难第一时间感受到文章的故事性，所以也就感受不到阅读的乐趣，自然很难主动地去阅读。

抓住孩子阅读兴趣培养的关键期

捷希下半年就上小学了，但是现在还没有认认真真读完几本书，更不用说爱上阅读了。为此，捷希的爸爸妈妈有点着急。两人平时工作比较忙，很少有时间陪她，而爷爷奶奶带着她的时候，基本上都是在看电视。

“其实，我们也不是想让孩子学富五车，可是马上要上小学了，再不提前学点知识，怕跟不上之后的学习进度。”

“小区里跟她一样大的小宇就特别爱读书，小小年纪看了好多绘本，还经常自己编出精彩的故事来，小区里人人都夸奖他。”

“我们做父母的不奢求捷希跟小宇一样优秀，可她这么不爱看书，该怎么办？”

对于捷希的情况，应对方法其实很简单：在培养孩子阅读习惯这件事情上，抓住孩子3~6岁的关键期，让孩子习惯阅读、爱上阅读。

▲ 营造阅读氛围，避免强迫阅读

3岁左右，孩子进入语言发育敏感期，我们可以有意识地让孩子接触一些简单、有趣的绘本，然后借用讲故事的方式，激起孩子对绘本的兴趣。布置图书角、把绘本放在孩子触手可及的地方、固定睡前阅读、用角色扮演来演绎故事……这些方法都可以将阅读变得更有乐趣。

除此之外，家长要做好带头看书的阅读氛围引导。当你在跟孩子对话时，拿着书本而不是手机，那么孩子也会想着“书有那么好看吗”，从而对阅读产生兴趣。

▲ 及时提供帮助，消除阅读难度

阅读和阅读力是不一样的，后者需要有意识地去培养。想让孩子养成良好的阅读习惯，我们还需要帮助孩子消除阅读障碍。可以通过重复读一本书、播放同一个音频等方式，增强孩子对词汇的熟悉度和对故事的理解力。孩子也能在重复的过程中完成从认知到记忆再到理解的过程。

不论是和孩子共读一本书，抑或是和孩子坐在一起各自阅读，亲子阅读的意义在于陪伴、在于互动，更在于以身作则、潜移默化之中对孩子产生积极影响。

▲ 消除功利心，让阅读变得纯粹

正如捷希妈妈一样，一些家长虽然对孩子的要求不高，但是对于孩子跟不上进度的担忧以及对别人家孩子的羡慕，其实或多或少都表现出了让孩子阅读的功利心。

虽然做事情带有目的性无可厚非，但在阅读这件事情上，我们应该更纯粹一些。鼓励、引导孩子阅读，不是为了让孩子读完多少本书、认识多少个字，而是为了让孩子感受阅读的乐趣、接触不同的人和事物、打开视野、丰富内在的精神世界……

朵妈游戏巧解难

词语魔方

选取一个魔方，然后在 6 个面的小格子上分别贴上不同的词语，转动魔方，然后由一人读出最上面的所有词语，读得最快、最多的人获胜。

通过游戏的方式，帮助孩子认识词语，激发孩子的兴趣，让孩子储备更多的词汇量，可以大大降低孩子的阅读难度。

连词成句

对孩子认识的词语进行简单的梳理，然后将它们分别写在一些白色的小卡片上。游戏开始之后，随机抽取 2~3 张词语卡片，大家举手回答，将这些词语连词成句进行表达。获得大家一致认可的句子，可以加 1 分。游戏结束后，得分最高的人可以有一个特别的奖励。

这样的游戏训练，可以帮助孩子提升逻辑能力，也能很好地锻炼孩子讲故事的能力。

朵妈育儿经

“鸟欲高飞先振翅，人求上进先读书。”

其实，不论是对于孩子还是对于我们成年人来说，阅读都是值得坚持的事情。

与先贤对话、观历史演进、看伟人成长，从远古到未来，从天文到地理……阅读的世界，能够给我们提供源源不断的能量补给，让我们拥有更开阔的视野、更充实的精神世界。所以，我们不如放下手机，关掉电视，和孩子一起阅读吧。不用探寻阅读究竟有什么意义，就轻松、愉悦地和孩子享受阅读最纯粹的乐趣。

6

戒不掉安抚物怎么办

遇到什么难题了?
朵妈，我好惆怅！
①
我家闺女总是抱着一个玩具兔，还不准我碰，去哪儿都带着。学校不让带，她就哭闹。
这可不是简单的玩玩具，比较准确的说法是——安抚物依恋。
都快 6 岁了，为什么还沉迷玩具呢?
②
依恋? 安抚物? 快跟我讲讲。
别急别急，我们慢慢说。
③

充满魅力的安抚物

这里，我们要先厘清一件事情——孩子的安全感从哪里来。

孩子在成长发育过程中，大脑发育尚未完善，大多数情况下是本能地接收外界信息，他们依赖于更直观的触觉、嗅觉来确认自己是否处在安全环境中。孩子在成长过程中，对父母特别是妈妈会有较长的“依恋期”，以此建立他们最基础的情感需求和认知。

这可以很好地说明，为什么孩子依恋妈妈的抱抱、亲人的抚触以及熟悉的气息等。这是一种与生俱来的依恋，也是孩子获得安全感的重要途径。

但是，妈妈不可能一直在身边，孩子也不可能一直待在熟悉的环境里，于是，一个便于携带的、孩子熟悉的物品，就成了“妈妈的替代”，给孩子暂时的安全感。

这些物品可能是他喜欢的玩具，也可能是沾有妈妈气味的毛巾、衣服，等等。

不过，孩子需要安抚物不仅仅是因为孩子安全感不够，戒不掉对安抚物的依赖，还有其他方面的原因。

▲ 适应成长带来的改变

在孩子处于婴儿期时，我们会花大量的时间和精力陪伴他们，这奠定了他们良好的安全感。随着孩子年龄的增长和他们对外界事物的好奇与探索，他们与父母在一起度过的时间逐步递减，但是这并不意味着儿童“依恋期”的结束，只是孩子为了适应成长带来的变化，做出相应的改变和适当的妥协。

▲ 缓解枯燥的情绪

随着孩子慢慢长大，他们的情感需求也会逐渐增强，如果没有得到及时的情感关怀，部分孩子就会借助安抚物来缓解自己的不安。

当他们变得爱说话，表示他们渴望与父母有更多、更深入的交流和沟通；当他们吵着要约小伙伴出门玩，说明他们需要和同龄伙伴接触、玩耍；当他们对新鲜事物感兴趣，预示着他们正迫切希望去探索和开拓自己的新世界……

▲ 克服对陌生环境的焦虑

刚到幼儿园，孩子会面临与父母分开的焦虑，也就是我们常说的“分离焦虑”。从简单的居家环境切换到很多人的校园环境，孩子容易出现不适应的情况。为了让自己更好地应对环境变化，孩子会选择自己熟悉或者带有父母气味的东西陪伴自己，以缓解陌生环境带来的紧张和压力。

如何应对孩子恋物

香香妈妈：“香香上一年级了，但是睡觉的时候一定要拿着一块小毛巾，晚上睡觉时找不到肯定会哭，睡着了拿开也会哭。这是不是恋物癖？以后会不会越来越严重？”

天天妈妈：“我家孩子的毛绒兔，缝了好几次，还是不肯扔。”

小爱妈妈：“我家孩子睡觉时一定要摸我的头发。”

小畅妈妈：“我家孩子有点‘奇葩’，特别迷恋我睡衣上的一颗扣子。”

孩子需要安抚物并不是件坏事，大人有自己适应社会、职场的方式，孩子也有应对成长变化的方式。

当孩子出现对安抚物的依恋时，并不需要刻意、强行戒除。我们需要做的是给孩子真诚的认同和共情，及时安抚孩子的情绪，填补孩子安全感的空缺。同时，还可以尝试从以下方法入手，及时满足孩子对安全感的需求。

▲ 高质量陪伴，注重情感上的安抚

给孩子更多的关心和陪伴，是很多心理问题的首要解决办法。

平时上班忙碌的家长，可以视时间安排跟孩子约定一个“畅玩日”，这一天，爸爸妈妈都放下手上的事，专心地陪孩子玩一天。

日常生活中，我们也要向孩子直接表达对他们的感情，可以跟他们说：“爸爸妈妈在上班的时候，很想你呢。”“我爱你。”……用直接明了的语言向孩子传达爱和关注。

▲ 准备替代物，转移孩子的注意力

强制没收孩子的安抚物，容易让他们对父母失去信任，间接导致亲子裂痕的产生。

这样的情况下，我们可以准备其他的替代物，比如买一些书籍、玩具、衣服，让孩子感受到新鲜感。利用好孩子的求知敏感期，他们的好奇心正是帮助父母消除孩子恋物情结的一剂天然良药。

▲ 灵活变动，选择可替换的安抚物

很多孩子可能把妈妈身体的某部分当作了安抚物，比如妈妈的

头发、胸部、耳朵、手臂等。

如果妈妈觉得自己的生活、情绪受到了影响，可以直接跟孩子说明情况，明确表达这样妈妈很不舒服，或者用安抚玩具替代。根据我的经验，在引入替代物之前，妈妈可以把玩具带在身边几天，让玩具附上“妈妈的味道”，孩子会接受得更快。

朵妈游戏巧解难

尊重孩子对安抚物的依赖，平时可以通过多陪伴孩子来给予他们足够的安全感，下面这两个小游戏希望可以帮助大家。

爱的电话机

准备两个一次性纸杯和一根麻绳，制作一部电话机，然后对对方说：“我爱你。”“妈妈，我超级爱你。”“宝贝，爸爸爱你，我会努力做你的英雄，一直守护在你身边哦。”……

通过大胆、直接的爱的表达，让孩子更充分地感受到被爱，也会让孩子安全感满满。

甜蜜的约定

在每一次分开的时候，都要和对方约定回来的时间。

例如，幼儿园——“爸爸，我去幼儿园了，等我放学哦。”家门口——“妈妈去上班了，下班就去接你。”“宝贝，妈妈回来咯。”家里——“爸爸去一下书房，你数十下我就回来。”

朵妈育儿经

“安全感看不见也摸不着，但它对人的一生弥足珍贵，它来自对父母爱自己的笃定，对自己爱自己的坚定。”

情感需求越是强烈的孩子，心思越是细腻，他们不会过多地表达，却把不安藏在心里。所以，当他们找寻到情感依托的物品时，我们应该庆幸他们找到了“伙伴”。

但是，我们也应该引起重视，给孩子更多的关心、更细致的陪伴，同时也要更勇敢、直接地向孩子进行“爱的表达”。

7

为什么凡事只有三分钟热度

孩子做事为什么总是三分钟热度

对舞蹈感兴趣，跳了几天不跳了；觉得围棋很酷，跟爸爸才下两局就让棋子落灰了；想学羽毛球，打了两天觉得太累放弃了；看到想要的玩具一定要买回家，可玩两次又不喜欢了……

这样“喜新厌旧”、没定性的情况并不少见，很多时候孩子是因为好奇而开始，又常常因为困难而选择放弃。孩子三分钟热度，大多是因为他们感到困难和压力，进而心生畏惧，然后退缩、放弃。

▲ 好奇的本能

在孩子成长发育的过程中，周围的一切对他而言都是新鲜的，这会激发孩子好奇的本能，他想要去感受和尝试，但是短暂的好奇与长久的兴趣有一定的区别。

孩子的好奇心推动着他去探索世界，当他找到答案之后可能会停止探索；兴趣则不一样，是发自内心的热爱，无论重复多少次，依旧会坚定地选择这件事。所以孩子做事三分钟热度只是一种表象，是不是真正感兴趣，还需要时间去验证，更需要家长的影响和鼓励。

▲ 性格差异

人的性格气质存在差异，有的孩子对外部事物的好奇心不强，喜欢专注于一件事，而有的孩子则天生对万物充满了探索、好奇的欲望。在这样的两个孩子身上，我们的感觉就是一个静、一个动，一个有耐心能专注、一个坐不住。

▲ 父母影响

孩子会通过模仿父母或者养育者的动作来进行学习。

生活中，我们常常能观察到，如果父母是慢性子，有耐心，做事不急不躁，孩子多半也会跟父母类似。而如果碰上那种风风火火、做什么事都连催带吼的父母，孩子大多也沉不下心来。

如何培养孩子的耐心

“孩子成绩一直处于中上游，不上不下，其实是有原因的，就是做什么事情都没定力。”

“平时，孩子兴趣广泛，我们也没太在意，最近留意了一下我才发现，奥奥做事情经常是浅尝辄止，很少能把一件事情钻研下去。”

“有段时间，他嚷嚷着要画画，要我们买画纸和画笔，还要上绘画兴趣班。我们先买了工具给他，然后开始筛选合适的绘画班，结果还没等选好班，奥奥就放下了画笔，吵着要和邻居的小伙伴一起学打篮球。”

“老师也说，奥奥之前对科学很感兴趣，上课积极性很高，但是布置下去的科学作业却没有认真对待，有好几次都很敷衍。”

这些事情一件件地回忆起来，奥奥妈妈苦恼不已。

对于孩子没定力、做事难坚持的情况，我们需要在一开始就跟孩子说明在接下来的学习中可能会遇到的困难，如果出现沮丧和想放弃的情况，要鼓励孩子学会坚持，用毅力、恒心去应对这些挑战。另外，我们也可以从以下几个方面着手。

▲ 尊重孩子的天性和爱好

由于生理原因，孩子 2 岁前对不同事物的探索欲远远超过对单独事物的专注和喜爱，家长不必在这个时期就用专注力去定义孩子的行为。

2~6 岁学龄前阶段，根据孩子专注力的自然增长规律，家长可以逐步增加合理范围内的引导训练。

与此同时，我们还要了解孩子的性格和爱好，不要一股脑儿跟风让孩子去学所谓主流的活动项目。

▲ 制订可执行的计划

制订计划能让孩子更好地安排自己的时间，不被其他事情打断。

低年龄孩子的计划，建议由家长和孩子共同制订，然后监督执行，而大年龄孩子的计划，则可以尝试着让他独立完成。

一份可执行的计划，需要兼顾长期、中期和短期目标。同时，在完成某个阶段的任务之后，有必要做一次全面的回顾和总结，这样有助于下一个阶段目标的完成。为了更好地激励孩子去完成目标，我们还可以在计划中增加一些奖惩措施，给孩子动力和压力。

▲ 寻找志同道合的同伴

光靠兴趣坚持是很难的，而有了一起坚持的朋友，则可以相互鼓励、监督。例如，孩子想学跆拳道，给他报了兴趣班，但是要做到每天去上课并不容易。这时候，如果有个一起上课的伙伴，两个人就可以互相鼓励，你追我赶，孩子就更有主动性了。

朵妈游戏巧解难

改善孩子“三分钟热度”的情况，除了计划和奖惩，还可以结合游戏的方式，更好地培养孩子的专注力，磨炼孩子的意志。

我来画月亮

朵朵很喜欢画画，所以，我和朵朵进行了一个月的“画月亮”游戏。每天观察月亮，再加上想象，来画当天的月亮。

借助朵朵喜欢的方式来训练她观察事物的能力，月亮每天不同的变化也对朵朵产生了巨大的吸引力，让她很好地坚持了下来。

所以，我们不妨试着从孩子喜欢的事情入手，引导孩子找到其中的乐趣和成就感，坚持的时间也跟着变长了。

21 天打卡约定

21 天养成一个习惯。根据孩子的喜好选定一个项目，以 21

天为周期，制订打卡计划（手写计划或借助打卡 APP 都可以），需要特别注意的是，做到和没做到要有对应的奖励和惩罚。

比如，孩子喜欢篮球，就做一个“21 天跟爸爸一起打篮球”的约定。父母一定要有一方参与到与孩子的约定当中去。

朵妈育儿经

“试错越多，越能找到让自己真正快乐的事。”

其实孩子做事三分钟热度并非一件坏事，我们要正确看待孩子的好奇心和尝试欲，尽可能多给孩子一些亲身体验和感受的机会，然后再给建议。

相信孩子最终会找到自己真正的兴趣所在，也愿意为之不断地坚持和努力，进而成为一个有毅力、有恒心的孩子。

第二章

小行为，不被共情的“任性”

站在孩子的角度去解读他们的任性。

1

孩子，你还能再慢点吗

优优怎么了？
朵妈，你有见过比我家优优还要慢性子的孩子吗？
❶
他的一天是从拖拉开始的。
孩子应该是没有时间观念。
起床磨蹭好半天，刷牙催十几遍，吃个早餐也是不紧不慢。
❷
孩子做事慢，是有原因的。
催起床、催吃饭、催作业、催睡觉……他是不是有“拖延症”？
❸

慢吞吞≠拖延症

睡觉了，快！
起床了，快！
洗脸了，快！
吃饭了，快！
上学了，快快快……

提起催孩子，有些家长真是一把心酸一把泪。

面对慢吞吞的孩子，家长们有三样法宝：一靠哄，二靠吼，三靠动动手（动手帮忙，动手指责）。但是，这些方法似乎“治标不治本”，孩子依然不紧不慢，甚至有时候还更加严重，家长不禁怀疑，莫非孩子得了拖延症，要不要去看看医生？

其实问题很简单，远远没到“病症”那么严重！

▲ 缺乏时间观念

孩子之所以“慢吞吞”，除了肢体发育尚未完善导致缺乏生活技能之外，另一个很重要的原因是他们缺乏时间观念，自然也就没办法像大人一样，在规定的时间内完成相应的事情。

他们的行动是随性的，听从当下大脑的指令，所以我们经常看到有家长抱怨自己的孩子注意力不集中，做事没条理。有意识地教孩子认识时间，学会管理时间，能够大大改善孩子拖拉的情况。

▲ 自我意识的发展

很多时候，面对强势的父母，无助的孩子将拖沓作为无意识的隐性对抗语言，给自己心理暗示，“我斗不过你，但是可以拖”，并由此强化自己的拖拉行为。

与此同时，家长反复且强制性的命令会让孩子产生误解：这事“与我无关”。孩子意识不到拖拉可能会造成的严重后果，自然也就不会有计划地、及时地去完成任务。

“慢悠悠”变身自律小达人

畅妈说她6岁的儿子做事特别拖沓，但凡能慢1分钟他绝不会快1秒。就拿上学这件事来说，起床就得费老大劲儿，更别说吃早餐、收拾书包。邻居们都笑说：“你家每天早上都唱大戏，热闹得很！”

有时候她也在想，不管了，让他慢慢来吧。可她是个急性子的人，看着孩子慢吞吞的样子，气不打一处来，很快又忍不住了。

一边是大人的火急火燎，一边是孩子的优哉游哉。对这些“慢性子”的孩子，爸爸妈妈应该怎样引导呢？分享几点我的育儿经验。

▲ 保持一致性

提前做好时间规划和安排，保持一个让自己和孩子都比较舒适的时间节奏，然后按照这个计划一一执行。

根据孩子的特点，设置不同的时间节点，对孩子进行适当的提醒和进度确认，在有必要的情况下，可以稍加干预帮助孩子加快完成的速度。

但是，切忌在此之前不痛不痒地说“快一点”，而在临近时间节点时，却疯狂地催促孩子，并且将急躁的情绪倾泻在孩子身上。

▲ 做好时间管理

孩子不像成人一样具有“时间急迫感”，因为他们对于时间的概念很模糊。如果我们希望孩子能快起来，就需要帮助孩子建立对时间的认知，并且和孩子一起规划时间，让孩子学会自主地安排和管理时间。

▲ 改变表达方式

很多时候孩子做事慢，并不是因为不想做而拖延，而是担心做不好会挨骂，家长催得越多，孩子就越发慌乱。家长不如改变表达方式，把“怎么这么慢”换成“加快速度”，把“要迟到了”换成“1分钟后就出发”。也可以用“选择”提问法，比如，你现在是想先刷牙还是先洗澡？你今天想穿蓝色的鞋子还是红色的鞋子？

朵妈游戏巧解难

孩子做事没有时间观念、拖拖拉拉，吼骂、催促都解决不了问题怎么办？可以试试以下这几个亲子小游戏。

布娃娃争夺赛

朵朵有段时间以各种借口拖延甚至拒绝刷牙这件事，正好那段时间家里有个备受喜爱的小兔子玩偶，一到晚上，大家都会为今晚谁抱小兔子睡而争吵。于是我跟她约定：谁刷牙快，晚上就让谁抱小兔子睡觉。

朵朵自然是积极参与，而我也会配合地跟在她身后："朵朵今天竟然都不用提醒，这么主动！"有时我也会故意落后，让她赢取小兔子的陪睡权。

孩子自带胜负欲，自己喜欢的东西不会轻易拱手让人，"争夺游戏"能更好地激发孩子积极参与的欲望，从而加快孩子完成某件事的速度。

1 分钟训练

准备一个 1 分钟的沙漏，跟孩子玩 1 分钟游戏：1 分钟扫地、1 分钟洗两个碗、1 分钟记下一个生字等。

通过这样的时间、效率训练，让孩子明确感知到时间，然后逐步提升自己的效率，养成守时的好习惯。他会很积极地给你回应。

-朵云，一棵树摇动另一棵树”。

”，其实是与我们的“急”对

子贴上“拖延症”的标签，不

，享受孩子的“慢”时光，或

2

孩子为什么总被同伴排挤

社交发展表现

社交是孩子与生俱来的需求，在孩子刚出生的时候，他们大脑中负责社交的那部分就开始启动了。0~6 岁是孩子心理发展的关键阶段，在这个时期，孩子习得的社交能力会一直影响他的行为模式直至成年。

每个阶段的孩子在社交能力发展的关键期都会有不同的表现。

▲ 1 岁左右

孩子通过“指”和发声来表达自己的意图。当他们把玩具递给我们或者在看到我们做有趣的表情时会开心地笑，这表明他有与他人互动的意愿和能力了。他们见到自己熟悉的人时会微笑，对陌生人则表现出害怕或害羞的表情。

▲ 2 岁左右

这个时候，孩子自我意识比较强烈，即便与别的小朋友在一起，也会是各玩各的局面，甚至还会为玩具争吵。当然，他们也希望与家人之外的其他人进行互动，这种对他人的兴趣是社会化的重要组成部分。

▲ 3 岁左右

这个阶段，孩子最主要的变化是他们开始理解他人情绪，看到别的小朋友难过甚至哭的时候，会尝试安慰。这个阶段，他们会非常乐意找同伴玩，喜欢与跟自己有共同兴趣爱好的小朋友一起玩，并且开始学会互相合作。这个年龄段的孩子很喜欢玩过家家、角色扮演等创造性的游戏。

▲ 4 岁左右

他们已经懂得交朋友了，即便在玩的过程中会发生争吵，他们也会尝试自己去解决矛盾。孩子会向家人和朋友表达爱意，特别是当他看到别人陷入困境的时候，开始有同理心、会共情等。

给孩子自由的空间

社交能力强的孩子能更好地适应环境，而缺乏与同伴交往经验的孩子容易出现孤独感和孤僻行为，成年后也容易遇到人际关系处理和沟通交流方面的困难。

每个孩子都有自己的独特性，有的内向害羞，有的外向活泼，但社会化始终是孩子全面发展的重要组成部分。

家长应该给予孩子正确引导，不要过多干预，给予孩子成长空间，让他自己学习与其他孩子相处，才能帮助他更好地成长。

▲ 鼓励表达

社会交往的第一步是沟通。而沟通的第一步，是准确表达自己的观点。鼓励、引导孩子大胆表达，是我们最需要做，却经常做不好的一件事。

记得有一次，朵朵兴冲冲地拿着她的水杯来到我面前。

朵朵："妈妈，快看，杯子上有美人鱼哦！她有个皇冠，是美人鱼公主，你知道她叫什么吗？"

我："对，美人鱼公主。"（玩着手机，头也没抬）

朵朵："是的，这个美人鱼公主特别厉害哦，她还会魔法呢，你知道吗，妈妈？"

我："哦哦，厉害。"（超敷衍）

朵朵："妈妈，你能不能好好听我说，不喜欢跟你讲美人鱼公主的故事了，哼！"

与孩子沟通，最考验我们的耐心。孩子的想法千奇百怪，语言发育的原因也可能让他们在表达的时候经常前言不搭后语，甚至来小情绪的时候全都是唱反调的话，这个时候，家长切忌敷衍了事或者打断孩子。

否则，长此以往会打击孩子的表达欲望，严重的可能导致孩子再也不敢主动表达。

▲ 耐心倾听

鼓励孩子大胆表达的同时，还需要引导孩子耐心倾听。因为与人交往是一个互动的过程，除了自身观点的表达，更应该耐心倾听对方的感受。

我："朵朵，妈妈刚刚听你说完了。接下来你可以听妈妈说一说吗？"

朵朵："好的，妈妈，你说，我听着。"

▲ 遵守规则

社交过程中彼此尊重、相互协作，规则意识非常重要。

比如，很多孩子喜欢打人，如果他们很清楚打人是不对的，那么面对其他小朋友，他们会尽量控制自己。而那些被欺负的孩子如果知道“被欺负”是不好的行为，那么当他们被欺负的时候，也许就会大声说：“你不能这样！我知道这是不对的！”

但我们要明确孩子是真的理解为什么这种行为是好的、那种行为是坏的。这需要我们长时间、反复地向孩子说明一些重要的社交规则，例如尊重他人、不妨碍他人、协作配合等，同时更要向孩子说明我们这么做的真正原因。

朵妈游戏巧解难

很多时候并不是孩子被同伴排挤，而是他们不知道社交技巧，家长可以通过一些游戏帮助孩子锻炼社交能力。

传玩具游戏

美国心理学家詹姆斯·杜布森博士提出，可以用传球游戏训练“你来我往”的对话能力。这个游戏能锻炼孩子的语言能力和表达能力，在与其他人聊天的时候，能给出友好而有信息的回答，让对话能进行下去。朵朵不喜欢球，所以我把球换成了她喜欢的长颈鹿玩偶。

我把长颈鹿玩偶递给朵朵：“你今天和毛毛一起玩开心吗？”

她接过说：“开心！”但因为她的回答太简单所以不能传。

她说：“开心！因为毛毛很有趣，我们玩了很多玩具。”这样，她就可以把长颈鹿玩偶传给我。

按照这样的方式将游戏进行下去，可以很好地提升孩子的表达能力。

朵妈育儿经

“你是我的好朋友，因为和你在一起，我也开心，你也开心！”

儿童不断长大，人际关系也越来越多样化，如何跟同伴相处是孩子成长中必经的过程。家长不能代替孩子去与人交往，而是要教给孩子一些方法，让孩子在一次次的尝试与试验中学会具体的技能。

我们都需要朋友，但并不是所有的孩子都喜欢跟很多人在一起玩，他们能够自得其乐或者跟 1~2 个小伙伴玩得要好就很满足。所以，孩子们的社交不必强求，了解孩子的性格并尊重孩子的意愿就好。

3

喜欢使用“暴力”的孩子

朵妈，我家孩子又闯祸了！
怎么了？
上次把同学的脸抓破了，昨天又把幼儿园的小朋友给咬了。
!!!
平时在家也是这样吗？
他平时在家也经常发脾气、摔东西、动手打人。
你说他是不是有暴力倾向？
这个问题我们要好好说一说。

从源头了解“暴力倾向”

人的侵犯行为的发生，总是以挫折的存在为先决条件，反之，挫折的存在也可能导致某些形式的侵犯行为。

对孩子来说，想去某个地方，想做某件事情，想得到某样东西，但是被阻止或没有达到期望的目的就是遭遇了挫折。当他们不能用正确的方法应对这些“计划之外”的情况，就会激发他们潜在的“暴力因子”，进而引起侵犯行为。

其实只需要稍加观察，我们就会发现，孩子暴力行为的产生往往都是事出有因，一些事情导致孩子不开心，然后才演变成孩子发脾气、砸东西、抢玩具、推人、打人……

哪些原因可能导致孩子产生“暴力倾向”？

▲ 受到环境的影响，有样学样

孩子在成长过程中喜欢模仿身边的人，有样学样。他们不是真正理解这些行为，而是觉得很有趣，想试试看。如果父母平时习惯用“暴力”解决问题，孩子也会有意无意地模仿大人的处理方式。特别是家庭氛围冷漠、压抑，父母关系不和谐，导致孩子与父母不能进行有效、有温度的交流沟通，孩子内心的焦虑、压抑无处释放，可能平时在家的时候表现得很乖巧，但在外却容易以暴力或另类方式来发泄自己的情绪。

除了孩子经常接触的家人，经常一起玩的小伙伴、电视、网络等，这些都是他们有样学样的途径。

▲ 觉得“好玩”，是一种试探行为

三四岁的孩子并不明白什么是边界感，他们需要通过一次次的尝试去确认“什么可以做，什么不可以做”。有的孩子打人，就是在试探这种行为能不能做。聪明的他们，一边用行为试探着大人的反应，一边观察着大人的态度和应对方式。

▲ 孩子可能进入了执拗敏感期

孩子的语言能力还不成熟，对没办法说清楚的事，很容易发脾气。3~4 岁的孩子正处在执拗敏感期，对立情绪特别强烈，喜欢胡闹，而且比任何时候都任性。

其实，面对暴躁的孩子，我们的目的不应该是通过某种方法压抑孩子的脾气，而是要让孩子理解发脾气这件事并不好，让孩子明白，除了发火，还有别的更冷静的方式能够解决问题。也就是，教会孩子适应社会的规则。

正确应对孩子的“暴力”

5 岁的翔翔让父母非常头疼，因为他太喜欢“用手解决问题”了。想玩别的玩具就直接抢过来，别人护着不给，他就将人家推倒在地。在家里就更是一个“小霸王”，特别是对爷爷奶奶，不知轻重。

翔翔爸爸的解决方式也很直接——对翔翔动手。家里总是充斥着孩子的哭声、老人的劝阻声和孩子爸妈的训斥声。翔翔妈妈说翔翔的性格可能像爸爸，情感很大条，不懂得体贴、关心他人，加上家里一群人围着他一个，多多少少有点“恃宠而骄”。

很多时候，孩子发脾气都是为了获得关注或者达到自己的目的，例如想买喜欢的东西或做自己想做的事。因此，单纯阻止孩子发脾气，只是让孩子压抑了自己的情绪，迟早有一天会全部爆发，变成真正的暴躁孩子。那么，怎样做比较好呢？

▲ 态度坚定

当孩子发脾气的时候，无论是面对家人还是小伙伴，大人都要当场坚定地说："不可以！"所谓坚定，并不是指凶巴巴，而是要让孩子看到父母明确的态度，从而明白发脾气和暴力行为是错误的。

▲ 明确规则

"有什么不顺心，不可以发脾气、打人，而是要通过语言沟通来表达自己的不满，用交流的方式来对待。"大人要明确地和孩子说明这条规则，让孩子明白：语言沟通能有效满足自己的要求，而乱发脾气是行不通的。

每当孩子发脾气时，就提醒他这条规则。如果他进一步闹情绪、摔东西等，大人可以进行冷处理，不要让孩子觉得发脾气就能轻松达到目的。

▲ 以身作则

父母是孩子的第一任老师，想要孩子不乱发脾气，父母双方都需要控制好自己的情绪，任何时候都以沟通为主。身体力行地告诉孩子，你看爸爸妈妈平时就不乱发脾气，还有很多交流方式，多学学怎么用语言沟通吧。

朵妈游戏巧解难

父母除了保持耐心，和孩子进行有效沟通，还可以选择用游戏的方式来加深孩子对规则的理解。

飞行棋、蛇棋

任何一款桌游都有它的玩法和规则，父母可以根据孩子的年龄选择不同类型的桌游。针对三四岁的孩子，推荐飞行棋、蛇棋这类一局不用花费太长时间的桌游。

游戏有先后顺序，也有输赢结果，家长在跟孩子说明规则之后，需要跟孩子强调：“如果你已经做好了遵守游戏规则的准备，我们就开始游戏。”

“蝴蝶呼吸”，让坏情绪飞走

张开双臂，像蝴蝶或小鸟张开翅膀一样，对着窗外扇动“翅膀”。手臂向上时吸气，手臂向下时呼气，循环往复。

当孩子不开心或情绪糟糕时，可以让孩子做一做这套动作，一是转移孩子的注意力，二是帮助孩子缓解情绪，在他平静些时再沟通，以了解孩子为什么这样，多听一听孩子的想法和感受。

平时我们在家里就可以多玩这样的游戏，让彼此形成一种默契：“当我在做蝴蝶呼吸的时候，可能表示我有点儿不开心，那我们等会儿再沟通吧。”

朵妈育儿经

“一个人情商的高低，往往取决于他对自我情绪的控制能力。”

孩子慢慢长大，自我意识逐步发展，生理需求逐渐减少的同时，心理情感需求逐渐增强。父母需要与孩子建立良好的亲子关系，给予孩子足够的陪伴和及时的情感回应。在这种环境下成长的孩子，即便会有一些小情绪，也不会演变成暴力行为。反之，在家庭关系糟糕的环境下成长的孩子，由于情感长期得不到回应，平常行为中更容易带有攻击性。

4

孩子被欺负要打回去吗

小纠纷≠暴力霸凌

在家里，孩子是中心，而在外面、在学校，孩子则需要学习与人相处，融入集体。陌生的环境、陌生的人，加上每个孩子的个性不同，相处起来并不容易，因此，小矛盾和纠纷就随之出现了。

虽然孩子被欺负了我们心疼，或者孩子打人了我们担心，但是这与我们所认知的校园暴力和霸凌是不一样的。

▲ 无意识行为

3~5 岁的孩子处在自我意识快速发展时期，以自我为中心，几乎不会顾及他人的需求和感情。例如，自己喜欢其他小朋友手里的玩具，就会通过拉扯、推搡、打人这种行为，来得到这个玩具。

幼年自我中心时期的一种情绪宣泄，与真正有意图地去欺凌他人，是有很大区别的。但这种无意识的行为，如果没有得到及时的制止和纠正，也会给后期暴力行为埋下隐患。而被欺负的一方，如果总是消极应对，也可能助长暴力行为，让自己受到更严重的伤害。

▲ 社会性发展

社会性发展，即儿童和周围的人在相互作用的过程中形成的社会适应能力的发展。

随着孩子慢慢长大，活动的空间由家庭扩展到学校、社会，自我意识逐渐发展的同时，孩子的社会性也在与周围人和事物的相互作用下逐渐形成。孩子能否从家庭顺利融入社会，很大程度上取决于他们能否处理好与同伴的关系，这就包含了与同伴的沟通、交流，分享、合作以及矛盾、纠纷……

从以自我为中心到逐渐适应集体生活，在大人的引导、示范下，从一次次经历中学习，孩子慢慢掌握社会交往技能，可以独自协调好与周围人的关系，从而收获良好的人际关系。

孩子被欺负了，怎么办

小迪是个乖乖仔，和小伙伴一起玩的时候，总是斯斯文文的，不吵也不闹。但是，正是因为这样，小迪总是受欺负。

“小迪一直很乖，很少闹脾气，和其他小朋友相处也总是能让就让。”

“我们觉得孩子这样懂得谦让多好呀，肯定能跟其他小朋友玩得好。”

“但是没想到，他被欺负了。”

“我留意着，看他什么时候会跟我说。可他好像习惯自己默默承受，总是一句也不提。真的是有点怒其不争，又很心疼。”

孩子被欺负，家长很难控制自己的情绪，一冲动就想帮孩子解决这件事。这是我们爱孩子的表现，但并不利于培养他们的独立意识。因为当孩子习惯了我们的保护之后，他们会认为：我不行，我只能靠爸爸妈妈。我们要做的是冷静下来，和孩子分析情况，提出解决方案，鼓励孩子通过自己的思考改变处境。

不论是被欺负的孩子，还是欺负人的孩子，我们都需要及时关注，并且进行有效地干预和引导，但是切忌把孩子之间的矛盾过分夸大，甚至剥夺孩子独立解决问题的机会。

▲ 鼓励孩子表达感受

孩子被欺负了，我们不需要帮他打回去，而是要培养他们自行解决问题的能力。我们可以这样引导他们：

"今天的事，你觉得难受吗？"——让孩子了解自己的情绪。
"你觉得他为什么打你？"——和孩子一起分析情况。
"你想怎么做呢？"——引导孩子思考解决办法。

这是一个漫长的过程，一开始被欺负惯了的孩子，也许会支支吾吾说不出个所以然，甚至避而不谈。但是，通过多次尝试之后，当孩子习惯这样的一问一答，就会愿意说出他心里真实的感受和想法。例如：

"我大声哭。"
"我不跟他玩，找别人玩。"
"我躲着他。"

虽然这样的交流并不能直接保护孩子，但这是孩子自己解决问题的第一步，家长们不要过于着急。

▲ 教会孩子自我保护

我们不能时时刻刻待在孩子身边，所以，更重要也更有必要的是，教会孩子自我保护。比如，让孩子大声、坚定地喊出自己的意见：不行、不要、走开……让孩子学会对那些让自己感到不舒服的语言或行为，大胆、勇敢地拒绝。

告诉孩子，遇到自己没办法解决的问题时，及时向老师或者大人求助，这并不是胆小、怯弱的行为，反而是聪明、智慧的表现。

因为这不仅能保护好自己，还能保护其他人，让不良情况及时得到遏制。

▲ 孩子被打，要鼓励他打回去吗

这是一个很难回答的问题，家长需要根据实际的情况来判断：孩子之间到底是小打小闹，还是上升到了伤害人的地步。

我们可以先交给孩子自己处理：打不过，可以采取其他方法，比如逃离或寻求帮助；打得过，说不定孩子会自己尝试反击。

每个孩子的性格不同，并不是所有的孩子都有挺身对抗的勇气。如果一味地要求孩子还手，孩子自身又因为害怕没能做到，他们就会觉得羞愧，认为自己是失败者，这对他们的心理健康肯定是有害处的。

朵妈游戏巧解难

绘本

推荐绘本《咬人大王布奇奇》：超凶的布奇奇总是喜欢欺负我，拽我的头发、撕我的书，还嘲笑我，但她今天要来我家做客了，我应该怎么办？

通过有趣的故事和耐心的引导，鼓励孩子勇敢，教会孩子独立寻找解决问题的答案和应对矛盾的智慧。

拦路虎

在家中，借用凳子、小桌子等物品设置障碍路段，让孩子独立通过。

在这个过程中，爸爸妈妈扮演“拦路虎”在不同位置突然出现，拦住孩子不允许通行，鼓励孩子想办法绕行或直接与大人周旋，锻炼孩子的应变能力，培养孩子克服困难的能力。

朵妈育儿经

“两个小时候打过架的孩子，长大后成了无话不说的朋友。”

相比于思考“孩子被打要不要还手”，不如给孩子充分的信任和支持，鼓励孩子与同龄伙伴交流，大胆表达自己的需求，同时教会他们保护自己、尊重他人，相信孩子会在还手或不还手之外找到更好的维护自己权益的方法。

5

孩子为什么总对自己“下狠手”

自我伤害是发泄情绪的方式之一

孩子在身体成长发育的同时，内心也变得丰富起来，情绪也开始从无到有地发展出来。无论哪种情绪（特别是负面情绪），都需要及时地表达、发泄和排解。

情绪是很神奇的东西，作为成年人的我们，有时候都很难控制住这个“怪兽”，更不用说还不懂正确表达的孩子们。

尚未发育健全的孩子，面对负面情绪找不到正确的方法释放，而内心的情绪又必须释放出来时，自我伤害便成为一种很有效的解压方式。常见的自我伤害行为有打头、抓脸、打滚、扯头发、掐捏自己等。

之所以会出现这种情况，主要有以下两个原因。

▲ 情绪压制的表现

在自我伤害行为出现以前，很多孩子会有一段时间的打人行为。也就是孩子一开始打的不是自己，而是别人，比如爷爷奶奶、爸爸妈妈，或其他小朋友。

当家长一味地压制、纠正孩子的打人行为，却没有从根源上了解孩子行为背后的原因和动机，部分孩子就会将打人行为转变为自我伤害。孩子其实是在无声地抗议：我不能打别人，就打自己好了！

▲ 用怪异方式获得关注

对于成长期的孩子来说，爸爸妈妈的关注是他们获取安全感的基础，他们会想方设法地获得爸爸妈妈的关注，希望成为爸爸妈妈的焦点，越小的孩子这种需求越明显。当孩子发现打自己、撞头、咬手臂的时候，看手机、看电视、干活儿的爸爸妈妈会立刻放下手里的东西，飞奔到自己的面前，跟自己说很多的话。久而久之，孩子会将打自己和得到爸爸妈妈的关注联系起来，进而在他们的意识中就会形成一个可怕的等式：打自己 = 大人的关注。

一旦这个等式成立，孩子就会不自觉地使用它，因为这个等式太好用了。

接纳、理解和包容孩子的情绪

有一次，我在朵朵学校外等她出来，突然听到旁边“砰”的一声，紧接着传来一声大哭。循声望去，一个小孩坐在地上哭，旁边是倾倒的水壶。

孩子妈妈从几步远的商店跑来，说道：“让你好好走路你不听话，现在摔倒了吧。”

“就知道哭，赶紧站起来啊！裤子都湿了，没看到吗？”

“水杯捡起来！回家了又得给你洗裤子。就知道哭！有什么好哭的！”

孩子在妈妈一句句犀利的言语中，一把抓起地上的水壶就往自己的身上淋，妈妈看到了又是一番指责，孩子继而用水壶砸自己的脚……

简单的一件小事却让孩子“炸”了。妈妈一次次的指责，导致孩子出现严重的自责心理，他不知道该如何对外发泄，只能选择拿自己“出气”。

对于孩子伤害自己的行为，我们在发现的第一时间就应该引起足够的重视，及时给予关注和情感反馈，有针对性地与之沟通，帮助纾解。如果频繁出现毫无原因的自伤行为，则可能与心理疾病有关，一定要及时咨询心理医生，避免可怕的悲剧发生。

另外，还可以从以下三个方面来帮助孩子。

▲ 接纳、理解孩子的情绪

父母的及时回应能给孩子带来充足的安全感。孩子的自伤行为在别人眼里可能是“怪异”举动，但他们只是渴望得到父母、朋友的关心与关爱。

当看到孩子有自伤行为时，父母切不可大声训斥，否则只会让孩子受到更大的刺激。可以慢慢走到孩子身边蹲下来，轻轻摸着他的头；或者把孩子搂在怀里进行安抚，将孩子从自我伤害的行为中抽离出来。

▲ 立规矩，温柔而坚定

有的孩子喜欢无理取闹地撒泼，多次挑战爸爸妈妈的“底线”。比如，不写作业，只顾看电视。家长关掉电视，他就遍地打滚，甚至用头撞凳子等。

家长一定不要心软，可以先引导孩子说出自己内心的想法，言语一定要温柔并且坚定，让孩子知道妈妈不会退让。没有满足他的需求，孩子还会继续哭闹，可以给他一个别的选择，分散孩子注意力。

▲ 转移情绪宣泄对象

当孩子情绪激动需要宣泄时，可给孩子一个靠垫、枕头。在孩子情绪冷静后，及时沟通，了解孩子情绪的源头，并告诉孩子恰当的情绪宣泄方式。如果下一次再遇到这样的情况，可以采用更健康、恰当的方式发泄情绪，并及时向父母、老师寻求帮助。

朵妈游戏巧解难

在这里，我推荐大家和孩子一起阅读情绪类绘本，可以很好地帮助孩子认识情绪，引导孩子更好地表达自己的心情和感受。除此之外，情绪游戏也是很好的纾解负面情绪的方法。

情绪游戏

和大家分享我和朵朵喜欢的一些情绪类游戏，比如，撕纸条、玩枕头大战等。

另外，下面这个适合 3~4 岁孩子的情绪贴纸游戏，也可以试一试。在彩色便笺纸的正面画上表情符号，背面写上对应的表达情绪的词语。

玩法一：认识情绪。任意选择一张便笺纸，和孩子一起认识相应的情绪，以及该情绪表达的感受，同时还可以通过相关的故事，加深孩子对该情绪的认知。

玩法二：模仿情绪。便笺纸背面朝上摆放，爸爸妈妈和孩子每人抽取一张，然后进行情绪模仿，并且说出产生该情绪的场景。

玩法三：“我”今天的感受。每天孩子放学回家，让他选择一张便笺纸表达一天的感受，大家都坐下来，听他说说原因。

朵妈育儿经

“孩子是一颗种子，父母是孕育孩子成长的那片土地。”

孩子身上点滴的改变，都是父母行为的映射。良好的家庭关系，健康的成长环境，对孩子的人生发展影响重大。

父母过于强势，家人无端打骂，孩子遭冷落、缺乏安全感，等等，都容易导致孩子出现心理问题、情绪问题等。父母保持稳定的情绪，并给孩子提供一个温暖且安全的成长环境才是关键。

怎样才能让孩子学会分享

不爱分享≠自私

分享是一个主动的过程，即我拥有一样东西，我自愿把它分享出来，分享给谁由我决定。在这个过程里，“我拥有”是前提，“我自愿”是基础，“我决定”是必要条件。

也就是说，分享是一件非常个人的事情，被迫做出的行为，不能称之为分享。

很多家长担心，不愿分享的孩子会给人留有“自私”“小气”的印象，不利于孩子社会关系的发展。在回答这个问题之前，我想先谈一谈“为什么孩子不愿意分享”。

▲ 自我意识发展

2~3 岁，孩子的自我意识有了很大的发展，“我”的概念逐渐清晰。在他的认知里，己和他人被更加明显地区分开来，“我”是“我”，“你”是“你”。与此同时，这样的认知也会慢慢延续到对所有物的占有权上，“我的就是我的”“你的就是你的”。

不愿意分享，是孩子在宣誓对“我的”物品的主权，也是孩子对所有物的一种“保护”。

▲ 物权意识敏感期

伴随着孩子自我意识的不断发展，2 岁左右，孩子会进入物权意识敏感期。比较显著的行为表现是，孩子经常说：“这是我的，不要给你。”“我的、我的、我的……”以及从乐意分享变得不愿分享。

处于这个阶段的孩子，需要充分的自主权，家长可以帮助他们进行物权归属练习。通过对某些事物归属权的确认，可以帮助孩子更好地判断和认知自己与周围事物的关系。物权意识建立起来后，孩子明确了解到自己的东西不会被别人抢走，才有可能自愿分享，也才不会去抢别人的东西。

▲ 反抗“被迫分享”

随着孩子慢慢长大，他的活动空间会变得更加宽广，接触的人也会更多。为了让孩子更好地适应新环境、认识新朋友，家长应该有意识地训练孩子的社会性技能，例如分享、合作、交往等，让孩子在社会交往中更受欢迎。

但这需要一个过程，而且每个孩子个性特点不同，需要的“训练时间”也很不一样。急于求成，反而让孩子产生逆反心理——你越让孩子做什么，孩子越不愿意做什么。

孩子的东西交给孩子去做决定

3 岁半的西西大多时候都会很大方地跟小朋友分享自己的零食和玩具，但是在经历过一件事后，她变得“小气”了。那次到亲戚家做客，5 岁的小姐姐看中西西随身带的小兔子玩偶，但那是西西的“安抚物”，西西不愿意送给小姐姐。在大人参与解释过后，小姐姐也就放弃了，西西用巧克力安慰了小姐姐。但是在出去玩的时候，小姐姐就是不带着西西一起，故意跟别的小朋友走得很亲近，还跟西西说：“如果你把小兔子给我，我就跟你玩。”西西自然没有同意，最终也没有再跟小姐姐玩。

“安抚物”对孩子来说意义非凡，是不可被分享的。西西没有办法开开心心地将它送给小姐姐，而小姐姐没有得到自己想要的东西，选择了不合适的方式表达出来——你不给我小兔子，我就不跟你玩。这无形中给了西西压力，也让她对分享这件事“慎重”起来，也就是大人感受到的——她变得“小气”了。

家长在处理这个问题的时候，要把握一个原则：孩子的东西交由孩子去做决定，切忌代替孩子做决定，或者强迫、命令甚至威胁孩子分享。除此之外，还需要注意以下问题。

▲ 不贴标签

当孩子一两次不愿意分享的时候，切忌给孩子贴上“小气”“自私”的标签，更忌讳用类似的负面词语一直数落孩子。这样做，无疑会强化孩子的负能量，甚至引起孩子的逆反心理。

事件当时，尊重孩子的自主权；事后，耐心跟孩子聊一聊，了解孩子心里真实的想法。这是家长需要做好的事。

▲ 参与合作

合作是社交必备的技能之一，相互之间的配合、协作，让孩子能更深刻地感受到同伴的重要性，而相互之间的沟通、摩擦也会让孩子逐渐提高社会交往的能力。当孩子可以更好地区分“你、我、他”，同时也能够清楚感受到自己和他人的边界，孩子会更愿意分享。

▲ 创造快乐体验

分享的本质是 1+1 ＞ 2 的事，所以它的结果是双方的快乐。如果分享让一方不快乐，那就是 1+1 < 2 的事，家长就没有必要再让孩子去分享了。我们可以在家人、朋友过生日时，带孩子一起去挑选礼物，让他体验到送别人礼物时的愉悦；或者在公交车上鼓励孩子把座位让给需要的人，让孩子感受助人为乐的意义。

朵妈游戏巧解难

排排坐，分果果

在果盘里准备一大盘水果。大家一起围坐在桌子边，由孩子给出指令，指定一个人完成“水果分发”任务：给爸爸一个橘子，给妈妈一个梨，给奶奶一个苹果……让孩子决定分发水果的类别和顺序。

长时间玩这个游戏，可以帮助孩子养成与人分享的好习惯。

惊喜盒子

4~5 个人围坐成一个圆圈，随机挑选一个人为起点，依次传递装有礼物的小盒子。音乐声响起时，开始传递。音乐声停止时，拿到盒子的人可以拆开盒子，拿走盒子里的礼物，然后放一个自己事先准备好的礼物进去。音乐开始，盒子继续传递。

指挥游戏的家长，可以适当控制游戏的节奏，确保每个参与的孩子都能够拿到一次盒子，然后让每个人的礼物都得到交换。游戏可以让孩子更直观地感受一个道理——我分享了，同时也会收获。

朵妈育儿经

“赠人玫瑰，手留余香。分享应该是自愿的，而非被迫的。”

分享是一种美德，但分享也有前提，那就是主动、自愿。有些孩子喜欢分享，因为他感受到了分享带来的快乐；而有的孩子不愿分享，因为他还不懂分享的意义或者经常被迫分享。我们在引导孩子学会分享之前，应该多听孩子的感受和想法，更应该尊重孩子自己的决定。

7

输不起的孩子好难哄

朵妈，和孩子玩游戏要一直让着他吗？
具体问题具体分析，不能一味让着。
①
老师反映说，孩子在学校玩游戏，只能赢不能输，输了就耍赖皮、大哭，还不听劝。
在家也是这样吗？
②
在家也是。
小孩子输不起，好胜心强，如果经常这样，家长就要介入引导了。
③

孩子为什么总是输不起

遇到挫折、失败，孩子会第一时间本能地选择逃避。例如，喜欢画画的小宇，有一次因为把太阳画成绿色，被老师指了出来，就开始不爱上画画课了。有的孩子表现更为直接，比如在有输赢、排序的游戏中，一旦输了，就大发脾气、大哭大闹。

孩子小小年纪，为什么会对“面子”“输赢”这么敏感？多半与下面这些原因有关。

▲ 自我意识的发展

15~24 个月时，孩子开始意识到自己和周围的人是不同的，也在不断地探索中慢慢熟悉周围环境的运作规则。与此同时，孩子的自我意识开始形成，并逐步产生基于自我意识的“自我评价”。

但是，对一个刚开始意识到自我的孩子来说，观察、了解和评价自己的过程是复杂且混乱的。这个时候，孩子会觉得自己什么都做得到，认为自己是最棒的，孩子也会期待大人对自己的评价，然后基于这些评价来巩固自己对自己的评价。

自我评价与他人评价的叠加，导致孩子的情绪开始变得复杂，除了最基本的喜怒哀乐，还开始出现尴尬、嫉妒、内疚、骄傲、羞耻等多种情绪。

孩子的“争强好胜”“输不起”“一定要得到第一名”这些表现，往往也发生在这个阶段。某种程度上说，这些表现是孩子成长的必经之路。

▲ 家长的态度，影响着孩子的态度

如果孩子对于每次比赛的结果都过度在意，甚至是大哭大闹、情绪失控，那么，我们要考虑的是，是不是孩子在面对输赢时参照标准出现了异常。

这里我们需要注意的是，和自我意识不同，孩子意识中的很多内容，比如利他行为的出现，是孩子通过社会模仿习得的。也就是说，孩子会把大人的反馈和行为，作为对自我、对他人认识的参照标准。试着回想一下，当孩子哭喊着说“不要输”的时候，我们的回应方式有哪些？一般来说，负面反馈中最常见的有两种：

> 一种是直接夸奖：“哪里有输啊，我看看，我家宝宝最棒了。”
> ——这是片面夸大事实；
> 一种是表达沮丧：“唉，真可惜，就差那么一点点就赢了。”
> ——这是过度负面情绪映射。

当我们忽视客观现实，对孩子的表现片面夸大或者消极对待的时候，是不容易帮助孩子建立全面的自我认知的，更无法帮助孩子分清楚真实的他人评价。所以家长自身如何看待输赢，如何看待孩子游戏、生活、学习中的名次，都会对孩子面对输赢时的心态产生很大的影响。

帮助孩子正确看待输赢

> 微微妈妈不是很理解自家孩子为什么好胜心那么强。
> “我和孩子爸爸本身比较佛系，所以几乎很少要求孩子一定要赢。但是，微微却好像一直很看重输赢和名次。”

“最近，班里举行了手工作品比赛，老师选取了10件作品办了个小展览。但是，微微的作品排在第11名，对此她特别在意，一直在念叨这件事，说再也不喜欢那个老师了，闹着不肯去上学。”

“我和孩子爸爸劝她，结果她还生我们的气，怪我们太忙了，都没有时间帮她一起做手工，所以才输的。”

对结果的在意是表象，对不同结果、不同评价的在意是深层原因。在孩子的自我意识发展成熟，能正确评价自己和判断他人对自己的评价之前，我们需要正确引导孩子对待不同的结果。具体可以从以下几点入手。

▲ 过程大于结果

我们要努力帮助孩子“赢”，也要做好孩子可能会“输”的准备。孩子需要通过遭遇挫折、面对失败的经历，来磨炼毅力、锻炼心理韧劲，然后才能更加从容地应对输赢成败。

更重要的是，我们要让孩子将注意力放在事件本身，降低对结果的期待。不管是游戏还是比赛，结束之后，引导孩子分享在这个过程中的感受，肯定他的进步，具体表扬他表现好的地方。

▲ 恰当的鼓励

孩子的成长过程中，鼓励是必不可少的，但是过度的鼓励也可能导致孩子盲目地自信。所以，家长把握好鼓励的度是更重要的事。

前文提到，帮助孩子建立全面的自我认知的一个重要基础，就是尊重客观事实。所以，对孩子的表现片面夸大或者消极对待，都是不可取的。

▲ 避免过度奖励

当孩子把“表现好”和“得到自己想要的东西”画上等号后，一旦没有“赢”就会出现情绪崩溃的现象，因为在他的理解中，他就得不到自己想要的东西了。所以在生活中，我们要尽量减少对孩子的过度夸赞和物质奖励，而是肯定他在过程中的具体表现。

朵妈游戏巧解难

冻豆袋

让孩子头顶盛满豆子的小布袋，然后下达指令让孩子做一些动作，比如，双腿跳、单腿跳、走快点、往回走……如果豆袋子掉下来，孩子就被“冻结”。被“冻结”的小朋友想解冻，必须由另一个小朋友在自己的袋子不掉下来的情况下，帮他把掉在地上的豆袋子捡起来。一个需要协作完成的游戏，让输赢变得不再重要。

合作音乐圈

两个人站在一个呼啦圈中间，将它高高举起，然后随着音乐跳动。音乐一停下，就会再有两个人加入进来，继续随音乐跳动。音乐断断续续响起、停顿，几次之后，直到呼啦圈快被塞满了，大家凑在一起，愉快地伴着音乐舞动。

不分胜负的游戏，大家都玩得很开心，关系也更亲近。

朵妈育儿经

“人生路长，一时的输赢并不重要，重要的是拥有坚定的信心和持久的执行力。”

某个阶段的成绩和荣誉不是评判孩子的绝对标准，作为家长，只有我们先做到正视失败，才能教会孩子“胜不骄，败不馁”的道理，还能够让孩子拥有更强大的内心，去面对人生路上的挑战。

第三章

小言语，不被理解的“疯狂”

“童言童语”是孩子语言发展期的必经之路。

1

孩子的脏话、狠话是跟谁学的

突然说脏话的孩子

都说“童言无忌”，孩子的一些话有些俏皮得让人捧腹，有些“污言秽语”让人苦恼。家长对孩子的脏话尤其敏感，甚至很多家长会跟旭旭妈一样开始担心：我的孩子什么时候“学坏”了？

其实，孩子说脏话并不意味着孩子学坏了。孩子在学龄前辨别能力不强，语言消化能力较弱，把握不好语言的尺度，容易用错表达方式。这也说明孩子的语言能力正处在快速发展的阶段。

偶尔一两次说脏话，我们可以理解为孩子的无意识行为，但是如果孩子总把脏话挂在嘴边，还是有因可循的。

▲ 语言发育

2~3 岁，孩子会进入语言敏感期，这个时期，孩子会很乐意学习语言表达，但他们对大多数词语的真正含义是一知半解的。

从孩子的发展阶段来看，当孩子突然喜欢说脏话、狠话，使用各种“污言秽语”，说明他可能进入了“诅咒敏感期”。比较幸运的是，“诅咒敏感期”不会持续太久，在孩子 5~6 岁，掌握了更多语言词汇并且能够熟练运用之后，这种情况就会得到明显的改善。

▲ 模仿行为

懵懂时期的孩子，有着超强的模仿能力，多多少少会通过日常生活接触到一些脏话、狠话等，而这些语言往往会引起其他人夸张的反应。孩子不明白具体的含义，只是单纯地觉得有意思，随之就会有意无意地进行模仿。

▲ 引起注意

当孩子发现自己说出“出格”的话后，周围的人会做出“奇怪”的反应。这对孩子来说无疑是一件“好玩”的事。他们又怎么会放过这些好玩的试探呢？

另外，之前说过，当孩子有负面情绪而不知道如何正确缓解时，脏话也可能成为他们的“宣泄口”。孩子生气、被忽略或需求没有被满足的时候，也会使用脏话做“武器”，来引起大人的关注，从而达到自己的目的。

温和应对孩子的诅咒敏感期

小叶子一直是小区里人见人爱的乖宝宝，可是最近却有点不讨喜。

一天，奶奶带着她去小区游乐区玩的时候，她对着别的宝宝说“臭东西，不跟你玩”“给你吃臭屁屁”……弄得在场的人都特别尴尬。最后，奶奶只好把她带回了家里。

因为没能好好玩，加上又被爸爸妈妈批评了几句，小叶子哭得声嘶力竭。虽然大家都觉得孩子说脏话不好，但是孩子眼泪巴巴的，大家也不忍心惩罚她，最后就不了了之。

这次之后，小叶子妈妈特别苦恼：“家人平时说话很注意，几乎从来没有当着小叶子的面说过脏话。她是跟谁学的呢？现在大家越说她，她还越来劲！”

跟小叶子妈妈深入沟通后，我们很快就找到了孩子说脏话的源头。小叶子最近爱看短视频，虽然只是偶尔看一会儿，但孩子的学习能力很强，听几次就记住了。小叶子的情况正好说明，良好的语言环境对孩子非常重要。

在应对孩子说脏话这件事情上，我们不能着急，先找原因再找方法，才能处理得游刃有余。

▲ 保持镇定，温和处理

孩子之所以会反复地使用脏话，很大程度上是因为周围人的强烈反应让他们觉得很有意思。所以，当孩子说出“诅咒”的话语时，家长不如淡定地回复：“哦，知道了。”“好的。”“是吗？”……

冷处理之后，再对孩子进行引导和教育，告诉孩子哪些语言会让人不喜欢，哪些词并不适合用于交流沟通……让孩子对语言、词汇有更好的把握。

▲ 以身作则，避免模仿

处于语言发育敏感期的孩子，很容易受到周围人的影响，为了避免孩子有意无意地模仿其他人的语言、用词而说脏话，这就需要我们为孩子打造一个良好的语言环境，从自身做起。同时，也要对孩子接触的环境、影视作品等进行筛选。

▲ 关注孩子的情感需求

纠正孩子表面的行为，往往要从深层的心理方面来找寻答案。当孩子负气地说了脏话，家长除了要保持冷静之外，更要及时地关注孩子的情感需求，给予孩子足够的关怀。当然，除了当下的关注，家长更需要在日常生活中给孩子高质量陪伴，引导孩子直接、温和地表达情绪，而不是通过脏话去表达。

朵妈游戏巧解难

孩子说脏话，更多时候是出于好奇心和试探，当大人了解清楚孩子说脏话的原因，并加以正确引导，会很容易帮助孩子度过这个阶段。

加减分记录簿

准备一个好看的笔记本，用画“正”字或写数字的方法，进行记录。每次家里有人说了暖心的话语，可以由听者在笔记本上给他加 1 分；如果有人说了脏话，则将他的分数减去 1 分。

最后，以周或月为周期，进行分数评比，分数最多的人，可以被任命为“文明用语监督员”等。

魔法咒语

把文明用语制作成一个“魔法咒语”簿，并且说明每一条咒语的使用场景。

例如，别人不小心碰到了你，对应的魔法咒语是——“没关系”；当朋友分享好吃的，对应的魔法咒语是——“谢谢”……

魔法咒语使用越熟练，孩子就可以得到越多的表扬及鼓励。

朵妈育儿经

“良言一句三冬暖，恶语伤人六月寒。”

语言的力量特别强大，孩子在懵懂时期无意识说出的脏话，我们不必过多在意，但是让孩子懂得文明用语的使用，懂得正确表达的重要性，则是我们必须重视的事情。

这就对我们自身提出了更高的要求。一方面是注意对孩子的语言表达保持温和、平静的心态；另一方面是关注孩子内心的情感需求，与孩子保持良好、畅通的亲子沟通。

2

爱说谎的孩子，该如何应对

孩子为什么要撒谎

我相信很多家长第一次听到自家孩子笨拙又明显的谎言时，内心无疑是又好笑又担忧的。好笑的是孩子的谎言漏洞百出，让人啼笑皆非；担忧的是孩子会不会就此撒谎成性，以后走入歧途。

其实说谎这件事，每个人或多或少都发生过。就像小时候，我们跟父母说："我写作业了，我没看电视。"大了，我们跟父母说："我最近挺好的，工作也挺顺利的。"你看，并不是只有孩子在说谎。

但是，家长依然会疑惑：孩子到底为什么说谎呢？

▲ 讨好成人的虚荣心理

孩子的虚荣心来源于想要获得成人的注意和赞赏，这既是一种情感需要，也是希望得到别人关注的心理需求。

比如，大人经常问孩子一个问题：更喜欢爸爸还是妈妈？尽管孩子心里可能有偏向的一方，但是为了让爸爸妈妈两个人都高兴，孩子的答案大多都是：都喜欢。

大人反馈给孩子的愉悦，无意中也强化了孩子再次说谎的动机。长久下去，会让孩子觉得说谎话能讨好大人。

▲ 逃避惩罚的恐惧心理

当孩子做错事时，他们会产生逃避和恐惧的心理，害怕受到来自大人的批评与惩罚，但最终为了迎合大人对自己的期盼，只能有意说谎。例如，自己不小心弄坏了家里的电器，害怕父母责骂，就推脱到宠物或他人身上；拿了同学的东西，害怕老师责罚，就说是同学送自己的……

当孩子发现说谎可以逃避惩罚，甚至可以带来某种奖励时，就可能会养成说谎的习惯，相应地也会扩散到社会行为中去。

▲ 意义障碍期的反抗心理

意义障碍期是指孩子表现出的道德心理阻抗现象，它阻碍了孩子对道德要求的接受和正确认知，从而对家长和老师的教育、要求产生消极的抵触心理。例如，在幼儿园中，孩子之间为了争抢玩具经常会发生矛盾，随之产生嫉妒不满的情绪，有意说谎成为反抗心理的表现之一。或者明明自己抢了其他小朋友的玩具，却还要和老师狡辩。

面对孩子撒谎，家长怎么做

“妈妈，是皮球干的。”当蔓蔓手上、衣服上都是颜料，却理直气壮地将地板上到处可见的颜料“甩锅”给家里的狗狗时，蔓蔓妈妈就知道她在说谎。

“到底是谁做的？”蔓蔓妈妈耐着性子，看了一眼她的衣服，又看了一眼一旁身上没有任何颜料的皮球。

“皮球。”蔓蔓低着头，语气不如一开始那么坚决。她心里清楚妈妈这个时候很生气，接下来免不了一顿责骂。

蔓蔓妈妈再也没法平静：“如果是皮球干的，为什么它的身上、爪子上没有一点颜料呢？”

“它去洗了。”蔓蔓只能将这个谎话说下去。

蔓蔓妈妈生气地指责了蔓蔓，并惩罚她清理干净地板。

在谎言被揭穿的那一刻，孩子的心里早已经是惊恐交加了。接下来的责骂或者惩罚，则会给他增加巨大的压力。这样的压力有可能严重打击孩子的自信心，让他终日生活在担惊受怕中。所以，在下次面对相同情况的时候，只能继续选择说谎来保护自己。

相比于责骂、惩罚，给孩子沟通的机会，鼓励孩子勇敢承认错误是更有效的方法。而这份勇气，对于孩子的成长来说有更重大的意义。

面对孩子说谎的行为，我们可以采用以下几个方法来应对。

▲ 不要轻易定义说谎

孩子想象力丰富，眼中的世界和我们看到的可能并不一样。家长不要轻易将孩子的某些不诚实的行为、天马行空的描述，定义为说谎。孩子开始有意撒谎时，其实也说明他正处于心理成长期，如果我们用武断的言语和粗暴的惩罚来简单处理，很容易给孩子造成心理创伤。

▲ 鼓励孩子承认错误

孩子说谎时内心其实非常矛盾，既想承认自己的过失，但又害怕失去大人的信任，缺乏认错的勇气。所以，我们要和孩子坦诚沟通，鼓励孩子勇敢地承认错误，抓住孩子第一次说谎时的矛盾心理，把这个问题消灭在萌芽状态。纠正孩子有意的说谎行为，家长首先要有包容的心态，允许孩子犯错， 再通过一些言语和行为表达对孩子的爱，缓解孩子的心理压力。

▲ 家长以身作则

孩子在成长初期，往往通过模仿成人的一些言行来完成自己的探索和认知。家长在日常生活中，有意无意间表现出的不诚实行为，会对孩子产生一定程度的诱导。潜移默化中，孩子的心里就被埋下了说谎的种子。

朵妈游戏巧解难

信息传递

玩法 1：传递话语

大家站成一队，从前到后依次用耳语的形式传递一个比较长的句子。例如，昨天，小明和小红去郊游，遇到了一群可爱的小青蛙。

然后，由最后一个孩子复述这个句子，和最初的句子进行对比。我们会发现，经过这样的传递，信息出现了偏差。

玩法 2：传递图案

5~7 个人站成一排，由一名游戏指挥者在第一个人的背上画一个图形，然后依次在前一个人的背上画出图形，进行图案传递，直到最后一个人将感觉到的图形画在纸上或黑板上。

然后，游戏指挥者展示最初的图形，让大家将它与自己感受到的图形进行对比，看看是否存在差异。

借助此类信息传递游戏，可以启发孩子明白信息传递时如果做不到诚实、严谨，就会严重影响到大家的沟通，导致信息的错误，而谎话更不可取。

朵妈育儿经

“善良的人不说谎话，聪明的人不散播谣言。”

孩子偶尔说说谎，我们不必如临大敌，给他们贴上“坏孩子”的标签，甚至站在道德的制高点上，去指责、审判孩子的行为。我们不如及时沟通、树立规则，从长远的角度去培养孩子善良的品德，这样才能够引导孩子一直走在正途上。

3

孩子为什么总爱唱反调

以前那个“听话”的孩子，学坏了吗

随着孩子慢慢长大，我们会见证他一次次巨大的改变。这些改变有让人欣慰的，也有让人担忧的。但是，不论好坏，这些改变都只说明了一件事情，那就是孩子正在不断成长。

因此，才有了我对伊伊妈妈说的：“孩子不那么‘听话’了，反倒是件好事情。”

孩子在不同年龄阶段，会表现出不同的成长特点，唱反调恰好说明孩子自我意识的萌芽，他们对自己有了更多的思考和关注。

当然，孩子总是“唱反调”还有其他原因。

▲ 没给孩子表达的机会

孩子小的时候，基本上是事事依赖父母，所以只要是家长的指令，他们都会听。但是随着孩子慢慢长大，他们有了自己的想法，也渴望表达。如果大人总是忽视孩子的想法，习惯性地命令孩子，不给孩子表达的机会，孩子就会通过唱反调的方式来为自己争取表达的机会。

▲ 没关注到孩子的真实需求

因为语言表达受限和强烈的情感需求，孩子会对周围人的情感反馈特别敏感。但是，不同于物质层面的需求，孩子内心层面的需求往往可能会被粗心的父母忽视。

举个简单的例子：一个小男孩发现了一片形状好看的叶子，兴高采烈地拿给妈妈看。但妈妈说：“掉在地上的叶子好脏，快丢掉！”

因为关注点不同，孩子看到的是一片好看的落叶，跟妈妈分享发现的喜悦，想要得到同样的回应，而妈妈的关注点是担心这样不卫生。如果孩子的感情时常得不到正面回应，很容易对父母产生不信赖感，言语行为上也会出现抵触和反抗。长此以往，孩子对父母越来越不信赖，言语行为上自然而然也就多了抵触和反抗。

▲ 缺少耐心的沟通和平等的对话

孩子的成长过程是一个不断探索父母边界线的过程。3~4 岁的孩子习惯用哭闹做武器，试图让大人妥协；5~6 岁的孩子开始尝试反抗、叛逆，以此让父母打破规则，达成自己的目的。

这是一场“你退我进，你来我往”的较量，如果家长一味地退让，娇惯孩子，或者只是单纯用命令来规范孩子，用哄骗来忽悠孩子，而不是耐心地和孩子对话，那么，孩子要么表面听话，要么变本加厉地唱反调。

如何避免孩子反复“唱反调”

因为父母工作忙，琪琪一直跟爷爷奶奶住在一起，所以每个星期她都盼望着周末的到来。但琪琪爸爸妈妈慢慢发现了她的一些问题：在带她出去玩时，她总是会提出很多“要求”。明明有些游乐项目琪琪还玩不了，但她就是吵着闹着要玩；爸爸妈妈说不可以喝的饮料，琪琪也坚决要喝……

平时爷爷奶奶很宠琪琪，对她言听计从。琪琪爸妈觉得不能惯着她，陪她的时候对她要求严格，久而久之，琪琪更加不听他们的话了。但凡是爸爸妈妈说的，她一定会提出反对的意见。

为什么琪琪变得“不乖”了呢？这是琪琪妈妈问我的问题。而我反问她，你和孩子爸爸有没有认真听孩子说过她心里的想法？

在处理孩子唱反调这件事情上，家长往往或妥协或责骂，却忽略了问题的根源其实在于和孩子平等地沟通，在于有没有了解孩子唱反调背后真实的需求。

▲ 坚守原则冷处理

在父母与孩子的这场较量中，孩子有他的“必杀技”，父母也要有自己的原则和立场。碰到孩子任性，适当的冷处理也是一个很好的解决办法。比如，孩子任性不吃饭，妈妈不要急着去哄孩子，也不要立即上手把孩子打一顿，不如坚定地表明自己的态度和立场，让孩子明白一直这样闹下去不会得到满意的结果。坚持一两次，让孩子懂得大人的底线和原则，他们就不会乱耍小脾气了。

▲ 蹲下来和孩子对话

保持良好的亲子沟通，可以让我们更懂孩子。在此基础上，我们才会有更多的机会给予孩子及时、适当的建议和引导，进而帮助孩子养成良好的习惯，督促孩子遵守规则，等等。家长不仅要听孩子嘴上的话，更要倾听孩子内心的声音，当我们听懂、理解了孩子，孩子自然就不会用唱反调的方式来表达自己的情绪。

▲ 鼓励孩子表达

相比于抹杀孩子表达的机会，让他们的想法隐藏在心里，不如鼓励孩子直接、大胆地说出来。这样做还可以引导孩子使用正向的语言，做到有礼有节，而不是出口就是唱反调，或者是干脆用默不作声的行为来表达反抗。

朵妈游戏巧解难

想要跟孩子相处好，我们还可以选用孩子喜欢的方式——游戏，去跟他们交流和沟通。

正话反说

改变词语顺序，正话反说，就像如果想让孩子朝着我们期望的方向去做的话，可以故意跟孩子反着说。

比如，“你不要出去玩了吧。”“不，我就要出去玩儿。”“你不要吃饭了吧。”“不，我就要吃饭。”“你不要穿鞋出去啦。”“不，我就要穿鞋出去。”……

当然，正话反说的游戏不是一定有用的，需要注意结合场景。这考验的是家长能否随机应变，和孩子愉快地互动。

“今天我说了算”

每个月可举行一次“家庭大抽奖”活动，准备一个抽奖箱，抽奖箱内放置多张纸条，每张纸条上写上不同的内容，如：今天我要捶捶肩接龙、今天是集体泡脚日、今天一起下厨做饭吧、今天大家一起大扫除、今天我说了算……

每个家庭成员可抽一次，然后可以自行决定当月的哪一天“兑奖”，其他成员需尊重并配合执行。这个游戏可以很好地满足孩子的话语权，让孩子充分表达自己的意见和想法。

朵妈育儿经

倾听，是了解孩子最好的方式，也是最好的教育方法。

在对待孩子的成长变化时，我们既不能用一成不变的要求来约束孩子，也不能用条条框框来规范孩子的言行举止。即使是培养良好习惯、制订行为规则，也应该以沟通为基础，加上耐心地引导，才能收获更好、更长远的效果。

愿意倾听孩子心声的家长，会更加了解自己的孩子，才能给予孩子正确的引导和教育。

4

孩子喜欢插嘴，该引起重视吗

为什么孩子喜欢插嘴

孩子插嘴不分场合、不分时间，偶尔一两次，大人尚且可以忍受，但长时间这样，很容易让人失去耐心。有不少家长跟我说，遇上这样的事，忍不住会吼骂、批评孩子。

从心理学的角度看，孩子的行为背后其实都隐藏着他们的动机。了解孩子插嘴的原因，才能找到应对的方法。

▲ 希望获得关注

大多数情况下，家长的话题或行动都是围绕孩子展开，而孩子也习惯自己处在话题中心。

但是当家里来了客人，情况就发生了巨大的改变，客人成了中心。如果大家聊天聊得太认真，甚至还敷衍孩子，忽视他们的请求，那么，孩子就会尝试用各种方法引起大人的关注，插嘴就是最直接的一种。

以自我为中心，渴望被大家关注，是大部分孩子的心理。当他们依赖的父母、老师没有把足够多的注意力放在他们身上，他们就会很敏感地认为自己被忽略了，这时候，安全感比较弱的孩子会表现得更为明显。

▲ 急于表达看法

成长期的孩子充满了好奇心，当大人在交谈中提及孩子感兴趣的话题，他们会很迫切地想要参与进去。尤其是现在信息获得便捷，他们在生活中或主动或被动地接收了大量的信息，因此特别想把自己的想法、见解表达出来。所以，有时候孩子插嘴，并不一定是坏事，反而说明他们思维活跃、勤于思考。

▲ 缺乏规则意识

让孩子学会遵守规则和秩序，这些都需要孩子有一定的耐心。而耐心，是需要进行训练的。

对于孩子来说，大部分需求的满足都不需要等待，几乎想要的一切都能得到及时满足。这样的情况下，孩子几乎没有机会进行耐心训练，也不会有意识地遵守规则。因此，当他们插不上话的时候，就很容易无意识地打断别人的谈话，只管把自己的想法说出来，而不知道应该等大家把话说完再接话。

怎样教育爱插嘴的孩子

5 岁的王子，在妈妈眼里一直是个特别有主见的孩子，但是，也正是因为他太有“主见”了，经常干扰到大人们的谈话。

前不久，闺密来我住的城市玩，好久没见，我们约着在家里好好聚聚。那天吃完午饭，我们在阳台一边喝茶一边聊天，天南海北的，聊得不亦乐乎。可是王子呢，一直在我们旁边打转，让他去玩喜欢的赛车，去是去了，拿了赛车又在我们边上打岔。

当我们聊到以前旅游的事情，又计划着找时间再一起出游的时候，王子可来劲儿了，“妈妈”“妈妈”……“你听我说，我们去牧场玩，很好玩，我还骑了小马对不对？”“下次我们再一起去好不好？还有阿姨也一起去吧。”

我俩自顾自地聊得开心，简单地回答他：“好呀。”

可他就不满意了，大声说着话，声音盖过了我们，甚至还伸手把我的嘴捂住说："妈妈，你别说。"

这个时候，我是真的有点没耐心了，"你到底要说什么，怎么老打断我们说话，就你话多。"然后我和闺密的谈话不得不中止，为了小小惩罚王子，我让他在"反思墙"罚站了20分钟。

孩子爱插嘴，其实不是什么严重的事情，处于语言发展阶段的孩子，爱说话反而是件好事。但是，当大人聊得开心的时候，孩子总爱插嘴，确实会让人不舒服。如果一味地去叱责、打骂孩子，只会让孩子的"坏毛病"更加严重。

在插嘴这件事情上，如果我们引导得当，就可以帮助孩子提升语言表达能力，教会他在沟通中正确表达自己的想法。

那应该如何纠正孩子爱插嘴的"坏毛病"呢？

▲ 不无视孩子

家中有人来做客，家长可以提前跟孩子沟通，在客人到来时把客人介绍给孩子，这样会让孩子感觉到自己很重要。因为事先就得知，也不会因为爸爸妈妈一时对自己的"忽视"而生气。

当孩子试图参与话题时，不要说"你自己回房间玩去""没叫你别到客厅来""别管他，小孩子嘛"这类话。

敏感的孩子还会因此对客人产生敌意，所以当孩子对客人又抓又咬的时候，可能是"吃醋"了。

▲ 引导正确沟通

在孩子插嘴时，如果家长能引导孩子正确沟通，不仅可以帮助孩子树立起规则意识，还可以让孩子学习在适当的时机展现自己。

比如，当大人正在和别人讨论正事的时候，孩子突然冲过来没由来地插话。这时候就可以先停止谈话，并对孩子说：“先听妈妈和阿姨把话说完哦。”等到谈话结束，再去询问孩子：“宝宝，你刚刚想说什么呢？”

家长平时在与他人沟通时也要注意自身的习惯。如果家长随意打断他人的话，孩子肯定也会有样学样。

朵妈游戏巧解难

说话按钮

设定一个聊天的场景，跟孩子约定专属于你们之间的“说话按钮”。例如，拍拍大人的手背，把手举起来等。

当大家想要说话的时候，需要先打开“说话按钮”，得到允许之后，才能开始发言。

每个人都需要遵守这个规则，如果在没有打开“按钮”的情况下说话了，就会受到惩罚。

排队游戏

通过日常生活中的一些小事情，帮助孩子学习、践行规则意识。

例如，在超市买东西、结账时，有序地排队，可以作为孩子遵守规则的启蒙，引导孩子帮忙维护排队秩序，还能让孩子更懂遵守规则的重要性。

朵妈育儿经

“种树者必培其根，种德者必养其心。”

孩子喜欢“插嘴”，其实是一件很小的事，处在语言发展敏感期的他们，表达欲望很强烈，但是给孩子及时的鼓励和引导很有必要。

“不以规矩，不能成方圆。”如何在不打击孩子表达欲望的基础上，教会孩子尊重他人以及让孩子具备必要的礼貌修养，是我们需要思考的重点问题。因为，行为背后的品德培养，才是影响孩子成长更为深远的决定性因素。

5

孩子喜欢说大话

昨天听亚亚和小伙伴聊天，我都被逗乐了。
说给我听听。
①
小伙伴说自己有 5 辆小汽车，亚亚说自己有 10 辆，小伙伴马上说自己有 20 辆。
小孩子嘛，总喜欢比别人厉害一点。
两人你来我往，就听见那数字一个比一个大。
②
孩子怎么这么喜欢“吹牛”呢？
原因有很多，听我跟你说一说。
③

孩子为什么爱“吹牛”

“我有一百个滑板车！”

“假期爸爸妈妈带我去海洋公园了，那里有条超级大的鱼，比教室还大！”

……

当孩子一本正经地说出这些夸张的话语时，可能很多家长会跟亚亚妈妈一样担忧：“孩子是不是虚荣心太强了？”

很多家长遇到孩子说大话表示不能理解，但其实孩子“吹牛”是有深层原因的。

▲ 单纯地觉得好玩

有些大人平时对孩子说话时，会用“吹牛”的方式来逗他。殊不知，这些看似好玩的行为会给孩子带来很大的迷惑，孩子要么当真，要么也有样学样在自己的小伙伴面前夸夸其谈。

另外，幼儿时期，孩子的想象力非常丰富，有些在我们看起来过于夸张的话语，可能在他们的想象里是真实存在的。而在跟其他小朋友讨论的时候，对方强烈的反应，又会进一步激起孩子夸大描述的兴趣。

▲ 自尊心和好胜心作祟

孩子在 3~4 岁之后，慢慢进入集体生活，在主动或被动与他人进行比较的过程中，孩子的好胜心、自尊心也会逐步形成并不断增强。这个时期的孩子会尤其在意一件事——自己是不是比别人厉害！

因为在大部分的评价体系里，更优秀、更厉害的人往往能够赢得更多关注和奖励。这也就不难理解，有些孩子会通过说大话的方式来凸显自己的优势，同时向周围的人强调“自己比别人厉害”。这样做，一方面是为了维护自尊心，强调自己很优秀；另一方面则是强烈的好胜心不允许别人胜过自己。

▲ 博取父母的关注

孩子的表面行为背后往往藏着他们深层的心理需求，有的孩子看似在和其他伙伴说大话，却往往是为了引起身边大人的关注。尤其是当孩子玩累了之后找大人几次，都没被搭理，他们就会尝试着通过这些夸张的语言吸引大人的注意，以此来达到他们的目的。

巧妙应对孩子说大话

一天晚上，小熊妈妈在接到老师电话之后，锁紧了眉头。

“老师说，小熊跟同学起了争执，他一直说爸爸是开宇宙飞船的，同学不相信，他就一定要争个输赢。”

“几个同学起哄说他撒谎，他还差点儿打了别人。”

“虽然老师制止了这次矛盾，但小熊却依然坚持对外说他爸爸就是开宇宙飞船的。”

“其实呢，孩子爸爸的工作是汽车销售，要说跟宇宙飞船的关系，应该就是偶尔会去科学馆做义务讲解员。”

“难道是因为小熊嫌弃他爸爸了？不然为什么要那样跟同学说呢？”

听了小熊妈妈的描述，我想是她误会了。孩子对职业的认知有限，可能只是单纯地喜欢航天，而这些正好又是同学们在谈论的话题，想要引起他人注意的小熊不愿意放过这个机会，话越说越远，脱离了现实也不知道。另外，爸爸带他去科技馆体验过飞船模型，也给他说大话提供了脚本。

那么，发现孩子说大话的时候，我们怎样应对会更好呢？

▲ 把责怪换成理解

对于低龄孩子的无意之举，我们别遇到就着急，一着急就打骂，带着情绪永远不能真正解决问题。在面对孩子的时候，我们不要站在道德的制高点上去要求、指责孩子，大道理在孩子那里听起来既难懂又无聊。我的建议是，设身处地体会孩子的感受，了解孩子为什么会说大话，然后再给孩子建议，效果会更好。

▲ 拓宽孩子的视野

很多时候，孩子说的大话听起来荒诞又搞笑，但是他们却能保持一本正经。这是因为他们的大脑可能还没有对自己所说的内容形成正确的认知。这就需要我们多带孩子去认识新鲜事物，借助图书、影视或带孩子去户外，都是非常不错的方法。

▲ 保护孩子的自尊心

孩子即使再小也有自尊心，他们的“面子”也非常重要。管教和打骂孩子，请一定避开公开场合以及孩子熟悉的人，避免打击孩子的自尊心。

如果我们发现孩子说大话了，不要着急揭穿孩子，安静听孩子说完，回到家之后再跟孩子沟通，指出问题所在。这样做既能保护孩子的自尊心，还能通过对孩子其他方面的鼓励，帮助孩子发现自己的优点。而我们给予孩子的百分之百信任，也能让孩子拥有更强大的自信心。

朵妈游戏巧解难

绘本或故事书

选择合适的绘本或故事书，通过亲子阅读的方式，可以很好地向孩子灌输正向的价值观。

在应对孩子说大话这件事上，我推荐《吹牛大王历险记》《爱吹牛的小花狗》《吹牛的小熊》。故事有趣生动，孩子读起来没有压力，也能保持兴趣。

想象与真实

把身边真实可见的物品汇总放置在游戏桌上，如花朵、铅笔、娃娃等，然后游戏参与者分别在自己看过的童话故事里找到相应的物品，看看在作家们的想象世界里这些物品变成了什么样子。

和孩子一起，将“想象”和“现实”做对比，找到两者之间的联系与差异。

朵妈育儿经

有时候，人难免想要装出了不起的神气，说些大道理。

孩子乃至成年人说几句大话、吹几次牛，算不上什么严重的事。最重要的是，在自己的内心深处是不是对自己有足够深刻、真实的认知。要做到这一点，需要对周围世界不断探索和认知，给自己设定对照的标尺，也需要不断思考和自我反思，对自己的优点和缺点有全面的了解。

在面对说大话的孩子时，我们并不需要过多担心，反而应该引导孩子多去外面的世界看看，打开视野、开阔心胸，用更包容的心去接纳新世界，也发现新的自己。

6

喜欢讨价还价的娃

现在的孩子已经知道讨价还价了。
这点孩子可是无师自通。
我家孩子不管让她做什么都要提要求，否则就不做。
你每次都答应她了吗？
她又哭又闹，不答应不行啊！
这么看来，孩子喜欢讨价还价也在情理之中。
为什么这么说？
因为她的讨价还价成功了！

讨价还价的孩子

当妈之后发现，不知道从什么时候开始，和孩子相处就像去菜市场买菜，无时无刻不在讨价还价，不断上演着斗智斗勇的桥段，而且孩子越大越爱讲条件。在这一点上，他们简直是无师自通。

朵朵也有过这样一段时期：让我听话可以，但是要先满足我的要求。撒娇、耍赖齐上阵，那个鬼灵精的样子，真是让人很无奈。

和大家一样，我也非常好奇，孩子为什么就不能好好完成自己该做的事情，却总喜欢讨价还价呢？

▲ 为自己争取利益

2 岁之后，随着孩子自我意识的增强，他们的思维和语言能力也得到很好的发展。这个阶段，相比于听父母安排，他们更希望自己做决定，也学会了为自己争取权益。例如，看自己喜欢的动画片，买自己喜欢的食物，等等。如果孩子总是讨价还价，而你又一再退让，就会给孩子不断讨价还价的底气。

讨价还价其实是我们和孩子之间的一场博弈，你让步，孩子就提更多要求。而你鼓励孩子积极表达自己的想法，并耐心和他沟通，孩子才能学会用正确的方式获得自己应有的权益。

▲ 家长的错误示范

其实，孩子讨价还价的本领并非无师自通，反而大多是家长平时做了不好的示范，爱跟孩子讲条件，于是孩子有样学样，反过来用在父母身上。

比如，孩子想玩手机，家长告诉他：“把作业写完就能玩一会儿手机。”孩子想买玩具，家长说：“考试考100分，买什么玩具都可以。”

家长的初心是想通过一些物质或利益诱惑让孩子养成好习惯，做正确的事情。但这样的方式在潜移默化中影响着孩子的观念，他们会有样学样，尝试用条件交换的方式达成自己的目的。当尝试成功并带来甜头之后，孩子也逐渐学会了通过讨价还价来“威胁”和“控制”父母。

见招拆招的父母

6岁的飞飞是个非常机灵的男孩，每次父母让他干点什么事，他都会借此要到一些“好处”。

要我踢足球，那踢完球要吃肯德基；

要我把这个玩具让给妹妹，那周末买两个新的给我；

要背英语单词，那得先看30分钟动画片。

……

说到为什么会满足飞飞这些条件，飞飞妈妈说，也不是惯着他，其实都是有原因的。

踢足球运动量很大，平时很少带他吃肯德基，所以适当满足一下没关系；

那个玩具是他很喜欢的，强迫他让给妹妹，买两个新的弥补一下也没关系；

看30分钟动画片，能背下几个单词也不错。

……

原本飞飞妈妈觉得自己平时很凶，偶尔满足飞飞的要求也没什么。可正是因为飞飞的要求一再得到满足，现在的他越来越懒散，要求越来越过分。

如果父母一味为孩子的各种问题“找理由”，孩子只会“变本加厉”，从跟父母讨价还价，变成跟他人讨价还价。很多父母都会采取“物质奖励”的方式去激励孩子完成某一件事，但奖励是表达肯定的一种方式而不是唯一方式，家长在实施“奖励教育”时，不能一味地以物质奖励为主，应该是对孩子正确的行为表示及时的认可。当物质奖励过度，就很容易让孩子产生一种错觉：“这是你要我做的事，我在给你帮忙。”当本质错位，孩子的讨价还价就很难去纠正了。

那么，在面对孩子讨价还价时，我们要如何见招拆招呢？

▲ 建立明确的规则

喜欢讨价还价的孩子，很明显的一个特点就是无视规则，所以让孩子建立规则意识很有必要。尤其是在小学之前，家长必须坚定自己的态度，引导孩子懂得规则的意义，并且懂得遵守规则的重要性，这样可以帮助孩子更好地适应和融入集体。

但是，制订规则不是让孩子惧怕家里的某一个人，而是让他敬畏规则。所以，在规则制订好之后，就需要家长和孩子共同来践行。

当孩子不愿执行，企图讨价还价的时候，我们有必要态度坚定地拒绝。如果孩子用哭闹来“逼”我们做出让步，我们也应该用十足的耐心和孩子进行沟通。但如果孩子提的要求合理，偶尔有打破规则的情况，我们也可以给他一些自主的空间，但是必须向他解释清楚破例的合理原因。

▲ 培养孩子的责任感

自己的事情自己做，既是独立能力也是有责任感的体现。

很多时候，我们要求孩子不许挑食、准时睡觉、睡前要刷牙……为了让孩子及时完成，经常会用物质进行奖励，久而久之，孩子会认为这些事情是在帮爸爸妈妈做，而不是自己的责任。

物质奖励使用不当会大大削弱孩子做事的积极性，进而造成没有奖励就不愿意做事的情况，所以，我们应该培养孩子的责任感，并且让他们积极担负起自己的责任。

朵妈游戏巧解难

秘密心愿瓶

准备一些纸片和一个带瓶盖的瓶子，每个家庭成员都可以往里面放自己的心愿卡。

每个月或每年打开，抽取其中的心愿卡。被抽中的人要说明写下这个心愿的理由，然后大家一起出谋划策，讨论这个心愿应该如何实现。在条件允许的情况下，尽可能地满足每个人许下的愿望。

我是负责人

在白纸上列出家里需要完成的家务或任务，例如刷牙、叠被子、丢垃圾，等等。逐条念出来，由每个人认领，然后在相应的地方贴上负责人的名牌。

然后，以一天或一周为周期，相互监督。在任务结束后接受其他人的评判、打分，便于后续优化、改进。

朵妈育儿经

“父母之爱子，则为之计深远。”

我们可以尽己所能去爱孩子，但是一定不能毫无原则地溺爱孩子。“心软是害”，无底线的溺爱，最终会成为刺伤孩子的一把刀，毁掉孩子的一生。

爱，让我们对孩子包容，但包容不是一味地妥协，只有当我们坚守必要的原则，做到温和而坚定，才能把握好教育孩子的尺度，培养更优秀的孩子。

7

孩子的“十万个为什么”

我家孩子一天到晚不停地在问“为什么”。
小孩子好奇心强，可以理解。
可她也太好奇了！问为什么要吃蔬菜不能只吃肉，问为什么要睡觉，各种各样的“为什么”。
有画面了，朵朵有段时间也这样。
朵妈，那你是怎么应对的呢？
其实也不必刻意应对，和孩子一起找答案就好了。

谁还没有好奇心呢

“妈妈，为什么太阳这么耀眼？”
“爸爸，你为什么会开车呢？”
“奶奶，你的头发为什么会变白呀？”

来自孩子的“十万个为什么”，家长该如何应对呢？

在孩子如此密集提问的攻势下，我相信再温柔耐心的家长也可能会变得敷衍甚至暴躁起来。这时候，家长肯定也会疑惑，孩子为什么会有这么多的问题呢？

▲ 语言发育

2 岁左右，孩子的语言能力逐步提高，他们渴望表达，努力说完整的句子。当他们想要开启一段对话，问句则是很好的工具。所以，我们会发现，当孩子想要跟你或者其他人开始对话时，往往使用问句。提问，成了孩子最基本也是最有效的交流方式。

▲ 因果关系

0~3 岁是孩子问“是什么”的阶段。而从 3 岁开始，孩子开始提问“为什么”。爱问为什么，说明孩子开始关注自身之外的世界，开始探索、认识身边的事物，这是他们好奇心发展的关键期。我们要抓住这个机会，鼓励孩子勤思考和多探索，养成爱思考的好习惯。

▲ 寻求关注

当然，不是每一个“为什么”都代表孩子在思考问题，也有很多其他情况。例如，他们会为了寻求关注而问：“为什么这个这么好看？”也会因为试图抗拒规则而问：“为什么要上学？”

在面对这种“提问”的时候，很多家长可能会认为孩子是在故意捣乱，没事找事，所以常常以忽略或打骂回应。但最佳方式是放下手里的事情，给孩子一些回应，才能让孩子得到满足。

如何应对孩子的“为什么”

思明爸爸是个化学博士，对于孩子的“为什么”，他每次都回答得非常严谨。

思明：“为什么洗手要用肥皂？”

爸爸：“因为手上有脏东西，香皂能够抓住脏东西，让水一冲就冲走了。”

思明：“为什么香皂能够抓住脏东西呀？”

爸爸：“因为香皂是一种表面活性剂。”

思明：“表面活性剂又是什么呢？”

爸爸：“表面活性剂能形成一种水溶性的胶束，肥皂分子是由一个极性的亲水基和一个非极性的疏水基构成的长链……因为氧原子内的电子受到了更强的核电荷作用，所以会被原子核强吸引，你说是不是特别厉害？”

思明：“胶束是什么？亲水、疏水又是什么？核电荷又是什么呀……”

爸爸：……

思明爸爸说了这么一大段话，估计一般的大人都没办法一下子弄明白，更别说孩子能认真听完、听懂。当然，在妈妈们看来，这种情况可能只是孩子不想洗手，才有了那么一句“为什么要洗手”

的提问，而我们回一句“洗好手，就可以吃东西了”，或许就能把孩子的问题解决。

面对孩子千奇百怪的“为什么”，大人的敷衍了事或不回答是肯定不行的，但一本正经的标准答案似乎也行不通。那么，我们怎样应对才更有效呢？这里，给大家分享“三不三要”原则。

▲ 不敷衍，要耐心

有时候孩子要的不是答案，而是父母的关注和重视。不搭理，随便给个答案，甚至对孩子发脾气，这些做法都会打击孩子思考的积极性。时间久了，孩子是不再提问了，但他的好奇心也被磨灭了，和你沟通的欲望也被打消了。当孩子提出问题，我们需要做的是耐心聆听，这比给出所有“为什么”的标准答案更重要。

▲ 不忽视，要共情

很多时候孩子有疑问，并不一定是在寻找答案，而是在表达情绪。家长需要读懂孩子的潜台词，及时并积极地给予孩子回应。例如，孩子问为什么要上班，他的潜台词是：你们可不可以不要上班，陪我玩。这个时候，家长可以选择抱抱孩子，然后用积极开朗的语言告诉孩子上班的好处，并告诉他：爸爸妈妈虽然去上班了，但并不影响我们想你。

▲ 不拒绝，要诚实

其实我们知道，即使储备再丰富的知识，积累再多的经验，都很难面对孩子五花八门的“为什么”。所以，面对孩子“超纲”的提问，我们也不要急着拒绝、指责他：“就你问题多！”不如诚实地告诉孩子：“这个我也不知道。”也可以反问他：“你觉得这是为什么呢？”通过这种反问的方式，了解孩子的想法，引导他们主动思考。当然，还可以提出“不如我们去找找这个问题的答案”，通过查资料、求助等方式去寻找答案，不仅有利于启发孩子的好奇心，还能教会孩子自己探索答案的方法。

朵妈游戏巧解难

逛博物馆和读绘本

带孩子参观博物馆、水族馆、动物园、植物园，是我家的日常活动，不求孩子懂很多，但是在耳濡目染之中，孩子自然而然也能见识到、感受到知识的力量。

除此之外，和孩子一起读绘本，也可以很好地帮助孩子认识世界，扩充知识，进而找到他们想要的答案。

生活中的知识点

a. 数一数玩具盒子里一共有多少玩具，然后按类别进行分类，掌握量与类的概念。

b. 逛超市时，通过看价签了解不同物品的价值差异，然后，做一个简单的账本。例如，买一支铅笔 0.5 元，一个笔袋 12 元，一个橡皮擦 2 元。一共花了多少钱呢？

朵妈育儿经

“授人以鱼，不如授人以渔”，相比于给孩子标准答案，不如教会孩子探索答案的方法。

面对孩子千奇百怪的提问，不要大惊小怪，不要敷衍对待，更不要畏难。即使你回答“我也不知道”，也不会影响你在孩子心中的形象。因为，相比于一个什么都懂的智囊型家长，孩子可能会更喜欢一个耐心的伙伴型家长，陪伴他成长。

第四章

小变化，不被接受的“叛逆”

孩子叛逆可能是自我意识发展的产物。

1

可怕的 2 岁，恐怖的 3 岁

2 岁烦，3 岁嫌

2~3 岁是孩子自我意识发展的第一个高峰期，当他们有了自己的想法，自然就不会再像之前一样，大人说什么就是什么。而且越是有主见、自我意识越强的孩子，反叛意识就越强。

我有个朋友以过往经验跟我说，孩子到了两三岁会迎来第一个“叛逆期”，具体表现是不那么好沟通，不那么配合。这跟我们说的孩子“2 岁让人烦，3 岁讨人嫌”有异曲同工之意。

孩子开始有了自我意识，意味着他在迅速成长，但每个孩子个性不一样，所以具体表现也会不一样。

▲ 自我意识发展，需要绝对的掌控力

对绝大部分孩子来说，2~3 岁变“讨厌”的原因是自我意识的发展引起的。当孩子更关注自己，并且以自我为中心的时候，他们需要对周围的人和事物拥有绝对的控制力，才能让自己安心。

这个时期，孩子喜欢事事按照自己的喜好来，也喜欢不断重复地做同一件事，来确认“自我”的存在，感受“自我”的价值。一旦出现失控的情况，完全没有应对经验的孩子会选择尖叫、哭闹的方式来表达他的不适或拒绝。

▲ 好奇心萌芽，渴望自己去探索世界

2~3 岁的孩子好奇心旺盛，对探索新世界充满兴趣。同时，孩子身体的发育也让他们有了探索新世界的能力。

有了动力和能力的孩子，会越发大胆地去探索世界，而在大人

的眼中，则成了“孩子不听话”。

▲ 分离焦虑出现，缺少充足的安全感

2~3 岁的孩子开始慢慢由稳固且安全的家庭生活，向复杂多样的社会集体生活迈进，这对他们来说无疑是一项艰巨的挑战。尤其对于很多安全感不足的孩子来说，一旦看不到熟悉的家人就会哭闹，所以分离必定是非常艰难的。

这个时期的孩子，分不清离开一会儿和消失的区别，更不懂为什么要去早教班等陌生的地方，只能试着用平时他们不常用的发脾气、丢东西来表示拒绝。

温和应对 2~3 岁孩子的叛逆

可怕的 2 岁，恐怖的 3 岁，真的有那么闹心吗？

晓晓 2 岁前一直都很乖巧懂事，基本上是人见人爱的乖宝宝。

可是最近情况有些不太理想，快 3 岁的晓晓，一不如意就要哭，时不时还喜欢大声尖叫，吵得一家人都很心烦。

“昨天奶奶带着她出门玩，刚进商场就因为别人先按了电梯数字闹脾气，搞得电梯里十来个人都走不了。”

“我和奶奶一个劲儿地给其他人道歉，她倒好，一定要把其他数字的灯按灭了，然后再由她一个个按亮。”

“在家里闹就算了，出门在外也不省心，最近我们都不敢带她出去玩了。”

“难道这就是‘狗都嫌的 2~3 岁’？可是，这个阶段要什么时候才能过去啊？”

2~3 岁孩子的情绪和行为很大程度也受到了成年人的影响，这个时期，只要家长们引导得当，是可以陪伴孩子轻松度过的。

面对可怕的 2 岁、恐怖的 3 岁，我们可以试试下面的方法。

▲ 给孩子充分的理解和支持

在探索世界的过程中，来自大人的陪伴和支持，对 2~3 岁的孩子来说无比重要。但是受限于语言表达、情绪表达的能力不够，他们只能通过哭闹、生气、尖叫等行为来引起父母的关注。这时候，“以暴制暴”根本解决不了问题，家长们百分之百的理解和支持才能给孩子力量，然后帮助他们解决问题，同时让他们掌握解决问题的方法。

▲ 给孩子充足的陪伴和安全感

2~3 岁的孩子，对分离的恐惧源自安全感的缺乏。所以，家长需要在孩子 1 岁半以前特别注意孩子安全感的培养，与孩子建立起坚固的信任，让孩子明白：熟悉的人离开一会儿，并不会消失，一定会及时回来。另外，拥抱和亲吻是我们和孩子建立亲密感的最好方式，所以爸爸妈妈一定不要羞于表达对孩子的爱。

孩子虽然小，但是他对亲密关系和亲子陪伴的感知非常敏感，所以，即使是孩子很小的时候，我们每次离开他的视线前，都要记得认真打招呼，这样做能够给孩子满满的安全感。

▲ 借用巧妙的方法，转移孩子注意力

孩子哭闹时，请不要和孩子正面“杠”，不如借用孩子平时感兴趣的玩具、零食、游戏等，先转移孩子的注意力，等孩子情绪缓

和后，再与孩子进行沟通。这一招尤其是带孩子在外面的时候用得上，既可以保护孩子的自尊心，也可以避免尴尬。

朵妈游戏巧解难

当父母理解了孩子成长带来的变化，尊重他们这个时期的“自我”，就不会觉得孩子“讨人嫌”了。在孩子出现“搞不定”的状况时，也能通过游戏来缓解。

藏宝游戏

将触手可及的或孩子心心念念的物品藏起来，只要孩子找到了，就可以奖励给孩子，游戏过程中可以适当地给孩子一些小小的提示。

当孩子哭闹或不开心的时候，和孩子玩藏宝游戏，可以很好地转移孩子的注意力。

行动指挥官

抽签或投票选取一位家庭成员，任命他（她）为行动指挥官。

游戏期间行动指挥官拥有绝对的权力，由他（她）发出的命令，大家需要立即执行。可以有反对意见，但是要征得所有人的同意，如果有人在没有征得同意的情况下违抗命令，则需要接受惩罚。

朵妈育儿经

“天不言而四时行，地不语而百物生。”

万事万物都有自身的发展规律，孩子的成长亦然。教育和陪伴是一件长期的事情，孩子不是一成不变的，而我们教育孩子的方式方法也应该及时调整。

这要求我们从孩子的所思所想出发，与孩子进行平等的沟通。因为良好的亲子关系是解决一切孩子成长问题的钥匙，赢得孩子的信赖，才能让孩子愿意听我们的建议和规劝。

2

如何让孩子自然接受分房睡

孩子为什么不愿意分房睡

青青妈妈跟我吐槽说:“跟孩子分房睡的难度，和断奶不相上下。断奶苦的是妈妈一个人，而分房睡苦的是一家人。”青青虽然一开始对分房睡表示出了很大的兴趣，可是新鲜劲儿一过，情绪就上来了。每晚到了十一二点，就会哭着跑到爸爸妈妈的房间。

分房睡在孩子的成长过程中算是一个重要的“里程碑”，这也意味着孩子迈向一个新的独立期。不过，让孩子轻松地应对独自在一个房间睡觉并不是容易的事。

▲ 分离焦虑和恐惧感

对父母的依恋是儿童的本能，虽然随着孩子慢慢长大，他渴望有自己的空间，但分开依然会让他变得焦虑，不安和恐惧感也会随之而来，也就是我们经常听到的“分离焦虑”。

分房睡的最初阶段，我们经常会听到孩子说:“妈妈，我怕!”一方面因为孩子丰富的想象力和对世界的认知有限，经常会在脑海里制造出让自己害怕的“妖怪”“魔鬼”等;另一方面则是因为与父母分离会给孩子带来焦虑和恐惧。

▲ 自我意识和独立能力

儿童心理在每个年龄段会表现出不同的特点。

2~3 岁，孩子正值个性萌发的时期，自我意识一天天增强，很多事都不喜欢别人干预，他们开始学习照顾自己，慢慢减少对父母的依赖。此时，正是培养孩子从行为到心理独立的好时机。

4~5 岁的时候，孩子处于独立意识“发达”期，性格特征初步显现，自立和自理的本领都大大增强。如若大人不给他自由的空间，让他一味地依赖，坏习惯就会更加牢固。此时应该是培养孩子独睡习惯的巩固期，家长要好好利用这个时期。

自然而然完成分房睡

七七在大家眼中一直是个特别独立的孩子，几乎很少主动开口让人帮忙，甚至很少向爸爸妈妈撒娇。七七父母一直对他要求很严格，尤其在分房睡这件事上，基本没怎么理会他的哭闹。

“大概在他 3 岁半的时候吧，我就让孩子自己睡觉，即使他不愿意，我和他爸爸的态度也非常强硬。”

“那时候，我们觉得男孩子就是要勇敢和独立，所以不管他一开始怎么哭、怎么闹，我们都没有让步。”

“现在孩子 6 岁半，已经习惯独自睡觉很久了。”

“可是，偶尔看他头也不回地走向自己的房间，急匆匆关灯上床，再把那个很旧的娃娃紧紧抱起来，我又觉得特别心疼。”

“我有点后悔，是不是分房太早、太粗暴了？会不会给孩子留下心理创伤呢？”七七妈妈说起孩子分房睡的事，眼眶都红了。

在分房睡这件事情上，一是培养孩子的独立能力，二是驱除孩子的恐惧感。如何把握好这个度，对于家长来说是个不小的考验。根据我自己的一些经验，分享给大家几个方法。

▲ 说明分房睡的原因

“你是个大孩子了，要学会独立。”一句简单的话，不足以让孩子明白分房睡的原因，甚至对于低龄孩子来说，他们根本不懂“独立”到底意味着什么，很可能把“独立”和“自己待着”画上等号。

一旦孩子形成了这样的认识，他们很可能像七七一样，再也不愿意向其他人表达情感或需求。所以，不要觉得孩子小，就不需要向孩子说明原因。其实，恰恰相反，当我们越是认真跟孩子解释，孩子越愿意沟通，也会越懂事。

▲ 分房的仪式感

有趣的仪式感，可以很好地减轻孩子对未知的恐惧感。例如，准备单独的房间，让孩子挑选他们喜欢的床品，让孩子决定家具摆放的位置等。当孩子参与了这一系列的事情后，会对这个房间产生自主权，也能够让孩子提前熟悉这个空间，一定程度上消除他们的恐惧感。

▲ 允许回来和大人睡

分房睡是一个过程，过程中肯定会有反复。我们要在孩子害怕时及时给予回应，允许他回来跟大人睡，给够孩子安全感。那么，孩子几岁分房睡更合适？

每个家庭的情况不一样，从孩子的发展来看，3~5 岁是合适的年龄。但是孩子的成长问题不能“一刀切”，孩子是否可以分房睡了，应该从这些方面来进行判断。

☆ 独处能力

孩子能够独自玩，有“属于自己时间”的概念，不再时时刻刻黏着爸爸妈妈。

☆ 性别意识

当孩子有男女有别的意识时，家长就可以准备分房睡了。

☆ 安全感

只有当孩子有足够的安全感后，分房才会变得简单起来。

如果在分房睡的过程中，孩子总是不适应，父母切忌心急，更不可强制让孩子一个人睡，以免给孩子造成心理伤害。不如多给孩子一些时间，分房睡没有固定的年龄，最迟不超过 9 岁即可。

朵妈游戏巧解难

在分房睡这件事上，家长一定要做到不强制、不压迫，让孩子自然地过渡到独自睡觉，游戏也是不错的引导方法。

幸运签

准备一些便签，写上孩子喜欢的玩偶、家人的名字，然后每晚睡前由孩子抽取一张，来决定“今晚谁陪我睡觉”。

当孩子适应抽签的玩法之后，再由孩子自己安排从周一到周日每天陪自己睡觉的玩偶或家人。比如，周一是长颈鹿，周二是小兔子……周六是妈妈，周日是爸爸，等等。

床下寻宝

和孩子一起将床底打扫干净，然后，在孩子闭眼的情况下，放进去一些小玩具。接下来就可以任由孩子进行搜寻，找到越多“宝藏”，就可以获得越多奖励，例如，获得一个拥抱或喜欢的食物、和爸爸妈妈一起睡，等等。这个游戏可以让孩子熟悉自己房间的环境，也能消除孩子对床底的恐惧。

朵妈育儿经

“育儿就像养花，要给它浇水、施肥，要给它成长的时间，才能开出美好的花。”

为什么要单独说分房睡这件事？因为和其他很多育儿问题一样，它是一件没有标准的事情，相比于盲目相信书本、专家的意见，不如根据自己和孩子的感受来处理、应对。

育儿，切忌盲目推崇所谓“孩子到了什么年龄，就该做什么事”的教条，多一点耐心和陪伴，给孩子足够的尊重和信任，会取得更好的效果。

3

孩子迷上了电子产品

朵妈，我家孩子因为沉迷电子产品，检查有近视了。
孩子才 7 岁，家长要引起重视了。
❶
当时为了线上课才买的平板电脑，很多学习是通过一些 APP 完成的。
完全不让孩子接触电子产品很难，家长需要严格控制时间。
❷
开始也控制了使用时间，后来因为忙，就……
这种情况家长要强制干预，不能放任下去。
很多 APP 自带游戏广告，现在开始找理由要平板电脑，其实是在偷着玩游戏。
❸

沉迷电子产品背后的原因

根据国内首份儿童网络安全研究报告（2016 年）的数据显示：我国 3~6 岁的幼儿中，手机接触率已高达 91%。

我也经常看到身边的孩子几乎人手一个或多个电子产品：电话手表、手机或者平板电脑。其实，我并不反对孩子使用电子产品，因为他们出生在这样一个信息时代，借助电子产品孩子可以便捷地进行知识学习。

但不可否认的是，电子产品消耗了我们大量的时间和精力，对于自制力不够、判断力不强的孩子来说，更容易沉迷其中。

相比于成年人，孩子会更容易对电子产品“上瘾”，原因在于以下几个方面。

▲ 获取快感

孩子心智发育尚未成熟，相较于枯燥的学习和规律的作息，五花八门的电子游戏很容易吸引孩子的注意力，而孩子也能从视频、游戏、动画中迅速获取愉悦感、成就感。

即时满足的快感很容易让人沉迷，而自制力较弱的孩子更容易对电子产品上瘾。

▲ 情感转移

当父母不在身边陪伴，孩子又需要关心、疼爱的时候，电子产品的短暂陪伴不仅可以带来快乐，还能填补孩子的情感需求。长此以往，孩子就习惯了用电子产品来转移自己的情感需求。

无心学习、痴迷游戏……这些坏习惯，看似是电子产品带来的影响，但更深层次来说，是家庭中亲子关系导致的。

▲ 他人认可

还有一部分孩子，刚开始对电子产品并不感兴趣，但是当他身边的同伴大多在讨论短视频、网络游戏的时候，为了找到共同话题，融入集体、赢得同伴的认可，会被动地去接触这些内容。随着时间的推移，这部分孩子在这样的氛围中，也慢慢沉迷其中，失去自制力。

父母的“锅”不要甩给电子产品

朋友青青在广告公司工作，因为客户需求随时会调整，她不得不经常把工作带回家。所以，在女儿面前，她的形象几乎都是接着电话、对着电脑在处理工作。

现在，青青女儿也成了个“小网迷”，去哪儿都得带着她的平板电脑。大人让她放下来，她美其名曰：我在工作呢。

以前女儿想让妈妈陪读绘本，妈妈抽不开身，就说：“乖，看完动画片妈妈就陪你去睡觉。”

女儿让她一起做手工作业，她说：“你先看看教程，妈妈忙完再来帮你。”

女儿要她陪着去小区散步，她还在忙，只能说：“我们在家看视频锻炼好不好，妈妈没时间下楼。”

青青现在回想起来，自己经常把女儿丢给平板电脑，也难怪女儿现在沉迷其中。

其实，孩子并没有主动选择，相反，是父母主动把手机、平板电脑送到孩子的手里。或者是忙于工作，忙于家务，又或者是自己想要偷懒放松，我们一次次把孩子交给了动画片、短视频和电子游戏。当家长疏于对孩子的陪伴，很容易让孩子对其他事物产生依赖。

那么，我们应该怎么做，才能引导孩子合理使用电子产品呢？

▲ 以身作则

父母是孩子成长道路上最好的引路人，如果父母很少看电视、盯手机、玩游戏，不做“低头族”，那么孩子沉迷电子产品的可能性也会很小。平时有时间多带孩子进行户外活动，或者在家陪着孩子一起做游戏、读绘本，都是拉近亲子关系的好方式。

▲ 制订规则

美国儿科学会（AAP）对于孩子看电视，给出过明确的建议：

> 18 个月以内的孩子，应避免使用电子产品；
>
> 18~24 个月的孩子，应避免孩子自己使用电子产品，父母可以选择高质量的节目，和孩子一起看，帮助他们理解看到的内容；
>
> 2~5 岁的孩子，每天使用电子设备的时间不要超过 1 小时。

根据孩子的情况严格控制每天接触电子产品的时间，如果是网课，尽量选择时间在 10~20 分钟的，如果超过 30 分钟，需要中途给予休息的时间。

与孩子约定好使用电子产品的规则，建立边界，比如，需要在父母知情的情况下，商量过后才可下载新的 APP。规定电子产品的使用时间，如果孩子到约定时间能主动关掉电子产品，我们应该给予口头的奖励，强化他们的正面行为。如果孩子不能主动关掉电子产品，也不要指责他们，按约定的规则执行即可。

▲ 进行筛选

让孩子完全不接触电子产品，其实很不现实，但是由于电子产品的内容参差不齐，家长在让孩子接触这些内容的时候，需要做好严格的把关，在控制时间的前提下，把控一下内容的质量。

朵妈游戏巧解难

陪孩子玩游戏能很好地打发时间，还能培养良好的亲子关系。放下电子产品，带着孩子玩起来。

树叶画

和孩子一起捡各式各样的树叶带回家，然后将树叶作为作画的材料，进行上色或裁剪，用印染、组合的方式来绘制一幅特别的画作。这样的游戏，既能转移孩子对电子产品的注意力，还能帮助孩子做绘画启蒙，有趣又好玩。

小小探险家

在家中选择一些特别的小物件，用塑料纸进行简单包装，并将它们放置在小区的多个位置。然后，我们就可以带着孩子一起进行“探险游戏”，可以适当给孩子一些小小的提示。多带孩子到户外运动，可以很大程度减少孩子对电子产品的依赖。

朵妈育儿经

“拥有足够强大自制力的人，才真正有能力掌握自己的人生。”

给孩子更多自由成长的空间，他们反而可以成长得更好。因为，孩子总有一天要离开我们去接触不同的人和事。

在家里，我们可以管住孩子不看电视，不用平板电脑，但是在外面呢？只能依靠孩子自身的自制力和判断能力。

电子产品不是洪水猛兽，与其费尽心力管住孩子，不如好好引导，制订规则和边界，让孩子学会对内容进行判断和筛选，提升自制力，这才是对孩子成长更好的引导。

4

如何看待孩子的嫉妒心理

孩子为什么会有嫉妒心

3~5 岁孩子自我意识逐渐觉醒，一方面会更关注自身感受，另一方面则会渴望获得周围人的关注。

父母的即时回应能增加孩子的自信心，让孩子可以大方地表达自己的各种情绪。而长期被忽视的孩子，因为自己的情绪和行为很少得到回应，很容易引发不安和自卑，嫉妒心就是不安感加剧的结果之一。

当孩子认为自己各方面都比不上别人，失去自我价值感和认同感，嫉妒心则会愈加严重。

可以说，孩子的嫉妒心并非是因为孩子“变坏了”，反而很大程度上是由家长的行为举止所引发。

▲ 总拿自家孩子跟别人比较

很多时候，家长随口一句“你看看别人家的某某”，会伤孩子很深。大家知道要呵护孩子的自尊心，却又忍不住拿自家的孩子跟别人家的孩子进行比较，甚至用别人家孩子的表现来要求自家孩子。

长时间这样比较，孩子心里会产生落差感，觉得自己处处比不上别人，嫉妒心也就随之产生。

▲ 父母自我否定，恶性循环

孩子是父母的镜子，嫉妒心强的父母，也会培养出一个容易嫉妒的孩子。

一位妈妈带着孩子在商场等待试衣服时，一位身材苗条的女生拿了同一款衣服过来排队。这位妈妈先让女生进了试衣间，自己则将衣服放回原来的地方，嘴上说着：“小姑娘就是小姑娘，没生过孩子就是不一样。”这句话不仅透露出对他人的否定，也透露出对自己的不自信。一旁的孩子很容易接收到这种负面的情绪，既学不会大方地赞美他人，也很容易为自己的各种不当行为找借口。

▲ 忽视孩子的情感需求

很多时候，大人觉得孩子小，不会过多询问他们的想法，甚至剥夺他们表达自己的机会。当孩子的情感需求经常被忽视，也很容易引发他们的嫉妒之心。

例如，强制要求孩子把喜欢的玩具、食物分享给其他小朋友；孩子跟小伙伴起冲突时，不问缘由地强迫孩子认错、道歉；对自家孩子的优秀之处视而不见，转头毫不吝啬地夸奖别人家的孩子……

帮孩子拔掉嫉妒的“刺”

玲玲和紫轩是很要好的朋友，但是最近却闹了点不愉快。

仔细跟玲玲聊了才知道，原来上周班里举行唱歌比赛，紫轩和其他小朋友组队拿了第一名，而玲玲自己参加比赛却没有拿到名次。

比赛结束之后，紫轩拿出奖励的糖果和文具跟玲玲分享，玲玲不肯要，还气呼呼地跑出教室，一个人生了好久的闷气，直到老师发现了，她才回去继续上课。

现在，两个孩子都不开心了，玲玲更是说：“不喜欢紫轩了，我们再也不是好朋友了。”

玲玲妈妈很苦恼，“一年级的小孩，哪来这么强的嫉妒心？”

孩子的嫉妒心往往是突发的、外显的，基本上我们一眼就能看出来，一问就能知道原因，所以我们只需要稍加引导，就可以让孩子处理好这种负面情绪。

我们可以从以下几个方面帮助孩子拔掉嫉妒这根“刺”。

▲ 培养孩子正确的价值观

父母作为孩子的第一任老师，从小就要让孩子多关注自我，拥有正确的价值观。

首先，让孩子知道，无论如何，他们都能获得父母的爱。

我经常教育朵朵：“不要迷信完美无缺，每个人都有不一样的缺点，但这些缺点并不会影响妈妈对你的爱，所以你也要爱自己。”这给了她很好的安全感，她从未怀疑过我的爱，也能学会客观地评价自己和他人。

其次，不要随意将自家孩子和其他小朋友做对比。

父母对孩子的评价对孩子来说非常重要，他们非常在意自己在爸爸妈妈眼里是什么样的，也渴望得到认可和表扬。父母有时也许出于自谦，即便孩子表现突出，也会说不如其他孩子。真诚地赞美他人，诚实地表扬自己的孩子，这两者并不矛盾。

最后，见多识广，能培养孩子开阔的心胸。

另外，心胸狭隘的孩子也很容易产生嫉妒心。要改变这一点，需要家长在日常生活中配合。我们可以在孩子还小的时候，多带他出去走走，见不同的人，了解不同的事。见过形形色色的世界，就不会再把自己框在小小的内心世界里了。

▲ 让孩子正确评价自己和他人

我一直都认为，自信是一个人最大的力量源泉。当一个人拥有了自信，就能用一种冷静的态度审视自己和他人，别人的好坏很难影响自己的内心。自信的孩子也不会因为自己缺少什么而看轻自己，也就很难产生嫉妒情绪了。即使有了嫉妒情绪，也很快就能自我消解掉。

朵妈游戏巧解难

夸夸赛

抽签选取游戏中的一人作为主角，其他游戏参与者每人说一个“主角”的优点，不能重复。发言 2~3 轮之后，由“主角”选择一位最佳发言者，表达感谢，还可以适当给一些奖励，例如玩具、零食，还可以是拥抱、表扬等。

我们都喜欢听夸奖的话，家长应该教孩子学会发现他人的优点，真诚与人相处，就能减少嫉妒心。

对星星许愿

每个月找一个固定的时间，和孩子一起向星星许愿，鼓励孩子说出近期他心里想要实现的愿望或是想要得到的东西。

借助这种形式，及时了解孩子心中的所思所想，尤其是孩子在对比同伴之后，内心存在落差的部分，这样我们就可以给予孩子必要的引导。

朵妈育儿经

“嫉妒的起点，是人们对自身脆弱的隐忧。”

孩子的嫉妒心并不可怕，因为每个人都希望获得更多的关注。可怕的是我们继续忽视孩子内心的情感需求，任由嫉妒发展。

其实，我们需要做的很简单：及时找到让孩子产生嫉妒心的原因，然后对症下药，给孩子多一些关爱，少点指责。通过正面有效的引导，帮助孩子将嫉妒心转化为进取心，就能及时将孩子拉回正途。

5

孩子不肯打招呼了

昨天太尴尬了！
怎么了？
孩子一直都不太热情，尤其不愿跟人打招呼。
孩子不愿意肯定有原因。
电梯里碰到熟悉的邻居，就会躲在我身后。
别人会不会觉得他特别没礼貌？
孩子不肯打招呼，不热情，不主动，我们家长可以进行正确的引导。

孩子为什么不肯打招呼

很多家长说，带孩子回老家走亲访友最怕遇到的尴尬时刻，就是别人特别热情，而自家孩子却怎么都不肯叫人。如果这时候，孩子还畏畏缩缩地躲在大人身后，就更觉得丢面子。

在孩子还很小的时候，这种情况还好一些，我们说一说，孩子基本上还是会乐意打招呼。但是随着孩子慢慢长大，自我意识发展之后，他们则会更愿意遵循自己内心的感受，不愿意就是不愿意，任由大人怎么说也不改变。

这时候家长会开始担心，是不是孩子太内向、太不礼貌了呢？其实，孩子不愿打招呼是有原因的。

▲ 不知道如何称呼

很多时候，家长没有意识到，对于自己来说对方是熟人，而对于孩子来说那人却是陌生的，因此不知道要怎么称呼对方。我小时候就经常遇到这种问题，家里有客人来了，家长让我叫人，可是该叫什么我却不知道，生怕叫错了闹笑话，所以干脆不开口。

▲ 不熟悉新的环境

有些孩子在面对陌生人或新环境的时候，会产生比较强烈的紧张和焦虑感，他们需要花费比较长的时间去适应新环境和新认识的人。这时候，家长在一旁催促，只会给孩子造成更大的心理负担，导致他们更不愿意开口打招呼。

▲ 缺少沟通技巧

一些孩子比较自卑，害怕自己出错，对自己没有信心，加上叫完人之后也不知道怎么继续对话，缺乏沟通技巧，所以他们就能避则避。面对这样的情况，如果我们一味指责孩子不礼貌、不热情，只会适得其反。

▲ 不一样的主观判断

相比于大人之间的交往和相处，孩子的判断是简单直接的，不熟悉就是不熟悉，他们不会因为一个称呼就能在瞬间拉近与陌生人的距离。

孩子更习惯用自己的主观判断来决定是否能与对方好好相处，所以哪怕是比较熟悉的人，如果每次碰到的时候都同孩子开一些不合时宜的玩笑，孩子也会抗拒与对方交流。

尊重孩子不愿打招呼的想法

4 岁的时候，妍妍第一次跟着爸爸妈妈去老家，那些初次见面的舅舅、舅妈、姑姑、爷爷，可把妍妍吓坏了。

刚开始，我看妍妍有点怯场，就鼓励妍妍："妍妍，来，和大家打个招呼。"

妍妍转过头看看大家，不到 1 秒钟，又缩回我的怀里。

我说："没关系的妍妍，你说，大家好。"但是妍妍依然没动静，场面就有点尴尬。

这时候，二姑大声说："小孩子要有礼貌哦，不然就不可爱了！"还有人说："这是哪家小孩，不肯叫人，不让她进屋来哦。"

大家三言两语地说着，我也不好不应承着，还没来得及跟妍妍好好做心理工作，她就拽着我的手要往外走，还吵着说：“妈妈，我要回家。”那时候，我意识到，这样逼着孩子问好，只会让情况越来越糟。

对于孩子打招呼这件事一定不能强求，尝试以下这些温和的方法会更有效果。

▲ 尊重孩子的意愿

孩子有自己的情绪、喜好，有决定打招呼的权利，一定不要为了大人的面子，强行要孩子打招呼，甚至当着外人面数落他们。

孩子可能会讨厌爱开玩笑的叔叔、贴脸亲吻的阿姨……如果你注意到了这些，记得帮孩子及时挡住这些“怪叔叔”“怪阿姨”，同时也要鼓励孩子大胆说出自己的想法，明确告诉叔叔阿姨自己不喜欢这样的行为，避免之后再遇到类似的情况。

▲ 接纳孩子的情绪

其实不论是孩子还是大人，都会对陌生的环境和陌生的人感到害怕，或者是排斥。

接纳孩子这种自然的情绪，给孩子时间适应，说不定等你和其他人交流起来之后，孩子就会鼓起勇气跟对方交流。然后，他们也会因为一次次愉快的交流体验，变得对打招呼这件事热情起来。

▲ 分享自己的经历

如果孩子非常害怕跟陌生人打招呼，担心自己出错闹笑话，我们可以分享自己小时候出洋相的经历，以此来打消孩子心中的顾虑。

这样做的目的，不是为了让孩子笑话自己，而是让孩子知道你是懂他的，并且让孩子了解与人交流真诚足矣，即使出糗也没关系。

朵妈游戏巧解难

角色扮演游戏

准备一些手指玩偶或毛绒玩偶，跟孩子一起给它们取名字，然后进行角色扮演。

小兔子：下午好，七七。

小兔子：七七，你怎么都不跟我们打招呼呢？

小兔子：那好吧，七七。我们准备去森林游乐场玩，你要跟我们一起去吗？

……

游戏过程中，即便孩子没有及时参与也不要批评，通过玩的方式去调动孩子的情绪。例如，自说自话地增加其他角色，营造一个对话的氛围，让孩子没有负担地表达。

礼貌用语盒子

准备一个盒子和一些好看的纸片，每人都要把自己听到或想到的礼貌用语写在纸片上，然后放在盒子里。游戏结束后，每人选取盒子里的 3 张纸片，并把上面的礼貌用语对其他人说出来。

另外，如果大家能够在平时的生活里继续使用这些礼貌用语，可以进行计数，达到 10 次或 20 次之后，可以得到一次奖励。

朵妈育儿经

“孩子的心是透明的，爱憎分明，他们不善言辞，却一直在用自己的方式表达情绪和想法。”

大家都希望自家孩子能言善辩，遇到陌生人应对自如，认为只有这样的孩子才是聪明、礼貌的。但是，并不是每个孩子都喜欢这样的表达方式，有些孩子是低声细语、不显露于声色的。对于这些孩子，我们不能用单一、固化的标准去评判，更不能因为虚荣心作祟去责骂孩子，反而要更有耐心地和他们沟通、交流，消除他们对表达的顾虑，让他们可以更轻松、愉快地进行表达。

6

孩子不愿意去学校

朵妈，我家孩子又不愿意去学校了！
说说具体情况。
刚上一年级，开学才两个月就天天嚷着不去学校了。
问过孩子在学校的表现吗？
问了，老师说他上课小动作多，还喜欢跟同学讲话。
孩子可能还没从幼儿园的状态中调整过来。

孩子为什么不愿去学校

孩子不愿意去学校，并不意味着厌学，更多的还是孩子对陌生环境的不适应。从小环境到大环境，从被父母事无巨细地照料到独自去应对各种未知的情况，孩子也需要一个学习、尝试和适应的过程。

另外，也有一些特殊的原因会导致孩子不愿意去学校，比如每天要很早起床，或跟同学发生了矛盾，不知道要怎么处理所以选择逃避等。

前一种属于正常情况，只需耐心引导，给足孩子安全感就可以解决。但是后一种情况就需要引起重视，及时沟通，找到具体的原因，才能“对症下药”。

▲ 分离焦虑

相比于熟悉的家庭环境，学校是个陌生的地方，加上少了家人的陪伴，孩子容易感到焦虑。这样的焦虑情绪，会让他们对上学产生抗拒。

▲ 缺乏独立

孩子在进入学校前，一直被家人照顾着，特别是现在部分家长对孩子有些过度保护，孩子遇到问题时，家长会第一个冲出来帮助解决。当孩子在学校发现很多事情需要自己独自解决时，就会陷入无助和迷惘的状态。习惯于依赖大人的他们不想离开父母身边，因此更不想去学校。

▲ 社交压力

社交能力较弱或性格内向的孩子，没办法在短时间内很快地融入集体，所以，当他们与其他同学相处得不开心，在老师那里也没有得到期待中的关注和回应时，上学就成了一件让他们抗拒的事了。

▲ 学业压力

常见于小学阶段，从开开心心的幼儿园到需要学好几门学科知识的小学，孩子还没办法马上适应，加上上小学后开始有作业，更是让他们倍感压力。

这个时候，家长也对孩子的学业表现出了更多的关注，例如，“今天的作业你有没有按时完成？”“别的同学都会，你怎么不会？”……当这些压力接踵而至，孩子不能及时搞好学习，逃避的心理自然就出现了。

给予充分陪伴和鼓励

浩浩妈妈感叹，每天早上送孩子去学校都感觉是一场灾难。

“从他起床开始就磨磨蹭蹭的，不肯刷牙，不愿吃早餐，不换鞋……几次三番下来，真的忍不住要动手。”

“其实以前上幼儿园的时候，浩浩还是很乖的，喜欢去幼儿园。自从我和老公升职，常常出差，他就开始有点不愿去学校了。有一次奶奶送他上学，他刚出小区撒腿就跑了，我们这才意识到事情的严重性。”

“现在是真的没办法，我和浩浩爸爸不得不挤出时间陪他去学校，情况才有一点点改善。但是我们也发现，浩浩已经出现了不少问题，跟同学打架、不认真写作业、考试不理想，等等。”

从浩浩的变化看得出来，孩子在向爸爸妈妈发出信号：我需要你们的陪伴。

针对孩子不愿去学校的情况，分享我的几点建议。

▲ 提前适应

刚上小学的孩子对于学习还没有清晰的概念，家长这个时候强硬地要求孩子，孩子容易产生抵触情绪。

这个阶段，“玩中学”模式更适合孩子，家长可以通过玩的方式调动孩子学习的兴趣。另外，每天布置适当的“任务”给孩子，可以帮助孩子在进入学校后更好地适应学习节奏。而提前培养孩子养成良好的学习习惯，也能让孩子比较轻松地面对从玩到学的转变。

▲ 建立规则

从家庭生活到集体生活，最大的改变其实是对规则的适应，因为相比较家里的无拘无束，上学之后就需要严格遵守一系列规章制度，例如按时上学、上课认真听讲、完成作业，等等。孩子上学前，家长在家里有意识地培养孩子对规则的适应能力，可以帮助孩子更好地适应学校、融入集体，进而避免不愿上学的情况出现。

▲ 及时沟通

沟通是解决问题最有效的方法，也是保持父母和孩子亲密关系的最佳方法。我建议在孩子放学后，问问孩子这一天在学校发生的事、学的新东西，从小话题一个个引入，了解孩子的心理变化。

另外，还要多跟老师沟通。孩子说的话更多时候是站在自己的立场，所以家长也需要及时跟老师做好沟通，以确保更真实、更客观地了解孩子在学校的表现，然后及时帮助孩子解决难题。

▲ 劳逸结合

孩子的专注力有限，相比于学习，他们会更喜欢玩耍。所以，即使是上学了，也应该给孩子适当的玩耍时间，让孩子可以做到劳逸结合。多带孩子去户外，一是让孩子依旧能感受到父母的亲密陪伴；二是让孩子学会休息，既不耽误学习也能适当放松。

朵妈游戏巧解难

孩子对于新环境都有一个适应过程，为帮助孩子适应这个阶段，我们可以带孩子玩以下这两个游戏。

绘制上学地图

跟孩子一起熟悉上学的路线，然后用纸笔绘制一幅简单明了的上学地图，在地图上标注出知名的地标、不同的路线、注意事项，等等。让上学的路变得有趣且富有挑战，这对于孩子来说无疑增加了上学的吸引力，可以让孩子更愿意去学校。

小小老师

在家准备一块小黑板，孩子放学后当父母的小老师，将他在学校学到的知识教给父母，既能加强孩子对知识的熟悉程度，还能提升孩子的成就感，让孩子对学习更有信心。每周 1~2 次这样的游戏，不仅可以拉近亲子关系，还可以激发孩子对学习的兴趣。

朵妈育儿经

“学问必须合乎自己的兴趣，方才可以得益。”

孩子不愿意去学校，一方面是对父母的依赖，另一方面是对未知的恐惧。他们并非真正厌学或不愿意学习，父母的理解、支持和鼓励，可以帮助他们解决这些问题。与其强迫孩子去学校，不如培养孩子对学习的兴趣。因为只有浓厚的兴趣才可以激励孩子去克服困难，然后坚持下去。

7

孩子学会爱美耍酷了

朵妈，你说孩子臭美是好事吗？
这要看臭美程度了。
孩子每天要穿好看的衣服，发型还不能重复，甚至偷偷喷我的香水。
她这是在模仿妈妈的行为呢。
6 岁的小女孩这么爱美，太奇怪了吧！
我有一点担心。
孩子正常的爱美挺好的，还能培养孩子的审美。

爱美是一种本能

“爱美之心，人皆有之”，我们会发现某个阶段的孩子会变得特别爱美，不仅对事物的美观度很在意，还会对自己的穿衣搭配尤其关注。与此同时，他们还会对他人的评价表现出异常的敏感。

这些改变不仅仅是人对美的本能热爱，更凸显了孩子对自我的高度关注。这个阶段的孩子渴望借助旁人的评价来了解——自己是一个什么样的人。而孩子爱美其实还有更深层的原因。

▲ 审美敏感期

经历了自我意识发展阶段后，孩子会在 3 岁左右迎来一个审美敏感期。这种对“美”的敏感，最早是从吃开始的。例如，吃苹果一定要完整的，切开的不可以，甚至会让孩子崩溃。

在这之后，孩子的注意力很快转移到对其他物品完美性的追求上。例如，玩具不能有缺口，物品要按照他想要的顺序排列。

随后，孩子还会把这种关注聚焦在自己身上，例如，要选好看的衣服、帅帅的发型，等等。

再之后，孩子还会开始挑选环境，他们能敏锐地感知环境和氛围的变化，想要挑选美好的生活环境，并且对美好的艺术作品进行简单的欣赏。这些正好都说明了孩子在成长，他们正积极探索世界，并且用自己的方式感知这个世界的美。

▲ 建立自信心

“你做得真好！”“你穿这个真好看！”……我们平时在对孩

子的一些穿着、行为给予肯定和赞扬的时候，孩子很直观地感受了好的引导，这无疑给了他们很大的鼓励，这对于建立孩子的自信心是有积极意义的。

当孩子还没有足够强大的内心时，他们会借助旁人直观的表扬来帮助自己建立自信。所以，他们也会更加注重自己的外貌，并且希望通过良好的外在形象获得他人的表扬。

转打压为正确引导

因为小时候妈妈一直说朴素才是真正的美，所以彤彤妈妈总觉得过分爱美并不合适。

于是，当彤彤第一次偷拿她的口红，并且打翻了她的粉底的时候，彤彤妈妈特别生气，甚至还忍不住打了彤彤。

"小小年纪不知道好好学习，就知道爱美，嘴巴涂得像个鬼一样，有什么好看的！"

"真是不知道你这是学了谁，我也没有教过你这些呀。站到墙边去，好好反思20分钟，回头我告诉你爸，看他打不打你！"

……

其实，彤彤一直是个听话的孩子，只是最近才有了这些"臭美"的小举动。可是没想到因为彤彤妈妈的一顿怒吼，她变得小心翼翼的，更别说像别的孩子一样跟大人撒娇买饰品了。

彤彤妈妈说，当时真的太冲动了，现在每次看彤彤羡慕别的女孩打扮得漂漂亮亮却又不敢跟自己说的时候，特别后悔。

我非常反对把孩子爱美、爱打扮和"学坏"挂钩，孩子这种爱美的天性不仅不耽误学习，反而能够激发起他们对于生活的热爱。因此，孩子爱美从来都不是可怕的事情，利用审美敏感期，帮助孩子建立起正确的审美观才是最要紧的。

▲ 肯定孩子的审美

有不少家长说好不干涉孩子，但是常常又会忍不住对孩子指手画脚。比如，选衣服时，孩子喜欢粉色，可是却偏要让她穿蓝色；孩子喜欢裙子，却总让她穿裤子。久而久之，孩子对自己的想法会变得不确定，也会越来越没有主见。

其实，有节制、有规则地让孩子“臭美”一下，根本不会对孩子造成任何影响，家长没有必要上纲上线。

▲ 给孩子制订规则

孩子的想法千奇百怪，家长要给予尊重，为了提高效率，可以在这方面制订相应的规则，让选择变得简单。

首先，把孩子衣柜里的衣服做好四季分类，当季的衣服拿出来放在随手能够拿到的地方，其他季节的就打包收好放在柜子里。这样能够防止孩子突发奇想，在冬天想穿上美美的公主裙，或者在夏天非要穿厚毛衣。

其次，前一天晚上就要跟孩子一起挑好第二天要穿的衣服，一旦选定了，第二天便不能更改，防止每天早上跟孩子纠结穿什么而耽搁时间。

▲ 培养孩子的审美能力

爱美是没有错的，我们要做的是帮孩子鉴定什么是真正的美、健康的美，并且引导孩子塑造良好的审美观，让他们懂得美不单指外貌，还有美丽的心灵。

我们不妨多带孩子去博物馆、美术馆、音乐厅、话剧馆等，这些地方能帮助他们体会人文的美。也不要忘了带他们去公园、动物园，感受大自然的美。

朵妈游戏巧解难

小小造型师

准备好平时穿的衣服、裤子，还有相关的装饰，让孩子担任造型师，给自己和爸爸妈妈进行设计、搭配，完成之后进行走秀展示。

游戏过程中，可以适当给一些建议，但是要完全信任孩子，给他充分的决定权，尊重孩子的审美。

果蔬印花

对美的感知是非常抽象的，我们可以试着从绘画入手，培养孩子对色彩、形状、构图等美学概念的了解。

将芹菜、萝卜、上海青、杨桃、橙子等蔬果对半切开，借助样式各异的横切面进行彩色印花创作。这个游戏作为孩子绘画启蒙的小游戏，简单好玩还很方便操作。

朵妈育儿经

“爱美之心，人皆有之。尚美之道，千古之风。”

对于美的追求，人人有之，为什么放在孩子身上，我们就觉得是不合适的，甚至是错误的呢？我认为孩子小“臭美”反而很可爱。只要我们正确引导，着重培养孩子的审美能力，“爱美”也可以成为他们进步的力量，成为他们内在的涵养。所以，看到孩子“臭美”，家长们千万放轻松，让他们尽情释放自己爱美的天性吧！

第五章

小秘密，不被发现的“怪异”

孩子是独立的个体，需要被尊重和平等对待。

1

孩子怎么对屎尿屁如此感兴趣

充满吸引力的“屎尿屁”

很多家长发现，孩子 3~5 岁时会出现这样一个现象——把说“屎尿屁”当作乐趣。

比如，爱说“吃臭屁”“臭便便”“你是狗屎”“尿你一脸”……甚至还有打油诗：床前明月光，李白睡得香。拉了一泡屎，醒来臭得慌。大人听了真不知该表扬他们有“才华”，还是要批评他们“口无遮拦”。

和猫猫妈一样，很多家长都会担心，孩子总说些不文雅的话，会不会给人留下没家教的坏印象，会不会因此被人排挤、欺负呢？其实，孩子对“屎尿屁”的兴趣往往都是事出有因，而且稍加引导就能改善。

▲ 社交语言

语言发育还不够成熟的孩子，尤其是 2~4 岁的孩子，他们不知道语言的禁忌，也没有隐私概念，“屎尿屁”是他们喜欢的社交语言。

一方面是因为“屎尿屁”是他们天然熟悉的事物，更能拉近与同龄人的距离；另一方面则是因为与“屎尿屁”相关的词汇是相对特殊的存在，它们不像脏话一样属于限制词语，也不像日常用语一样被允许随意使用，因此，成为孩子们跃跃欲试的部分。

▲ 诅咒敏感期

随着孩子语言能力的发展，他们慢慢发现语言本身极具力量。有时候一句简短的“脏话”像是有魔力一样，可以引起他人强烈的反应。在无约束的情况下足以让孩子们跃跃欲试，于是经常冒出一些不文雅的句子，来“刺激”身边的人。

这样一个特殊的阶段，在心理学领域被称为“诅咒敏感期”。

虽然在孩子眼中，“屎尿屁”并没有任何特殊含义，但是大人的反应让他们“觉得好玩”，所以，他们迫不及待地通过那些我们听起来不舒服的话语，来试探大人的语言边界。

▲ 对自我身体的探索

孩子从出生起就开始了对世界的认识，最开始是通过小手抓、嘴巴吮吸来探索世界，而“屎尿屁”作为孩子出生后每天接触的东西，对他们有着天然的亲近感。

孩子会蹲下来观察自己拉的便便、拿着纸尿裤闻闻味道、对放屁特别敏感……这些行为并非异常，而是孩子正在不断认识、探索自己的身体，他们通过这些看起来奇怪的行为，建立对自己的认识。

自然化解

球球妈妈表示，当妈真难，不仅要习惯孩子的“屎尿屁”，还要跟着孩子一起欣赏“屎尿屁”。

“差不多年初开始吧，球球每次上完厕所都会研究半天，这就算了，最可怕的是，还要拉着大家一起看。”

“有一次爸爸不知情，在她拉完臭后很‘好心’地帮忙冲了厕所，结果她哭闹不止，还要爸爸赔她同款便便。”

“她爸爸说，不知道的人听到她的哭声，还以为她挨了多大一顿揍。”

“经历那一次之后，谁都不敢去帮忙冲厕所，还要很配合地说：‘是哦，球球今天的便便像蚯蚓呢！’你能想象那画面吗？”

“我现在只想赶快度过这个阶段，因为我实在受不了了。我在厨房做饭做到一半，被她叫过去观察便便，然后几分钟或十几分钟后再回到厨房继续做饭……”

孩子“屎尿屁”不离嘴，我们该如何正确引导呢？我的建议是，尊重孩子对“屎尿屁”的兴趣，理解他们去认识自我、探索新事物的成长方式。在孩子语言能力发育成熟，知识储备量也逐渐丰富起来后，这些情况会自然化解。除此之外，我们还可以试试下面的方法。

▲ 理解孩子

在这个过程中，最忌讳对孩子这些行为过度关注、过分指责。这样做不仅不会杜绝孩子的不雅行为，反而会导致孩子的肛欲期延长。原本随着时间推移很快就能过去的阶段，很可能因为你的责骂导致孩子内心紧张，肛欲期迟迟过不去。

▲ 忽视孩子

孩子爱“屎尿屁”无非是觉得这样的语言非常有力量，能够调动我们的情绪，让我们重视他的举动。所以，我们反应越大，孩子越开心，甚至会说得更加厉害。

当我们对这些不文雅的语言表现出不关心的样子，甚至忽视的时候，孩子会发现这些语言无法调动大人的情绪，慢慢就会觉得没意思，也就不会再说了。

▲ 转移注意力

这个阶段的孩子好奇心很重，理性思考能力欠缺，借助于转移注意力的方法，可以很好地转移他们对“屎尿屁”的关注。

比如，当孩子说“臭妈妈”的时候，你可以说“臭妈妈就臭妈妈吧，如果你要叫我温柔妈妈我会生气的”。经不起激将法的孩子，会挑衅地叫你“温柔妈妈”，这时你表现得激烈点，比如佯装去抓他，很快就会让他忘了“屎尿屁”。

朵妈游戏巧解难

绘本故事

推荐三本可以帮助孩子认识“屎尿屁”，帮助孩子积极进行如厕训练的绘本——《是谁嗯嗯在我的头上》《呀，拉出了香蕉船》《神奇的马桶》。

色彩鲜丽的图画，简短有趣的文字，让孩子在阅读的过程中，对他们好奇的“屎尿屁”有了更深入的了解和认识。同时，他们也在书中主人公的引导下，学会正确对待“屎尿屁”。

神奇的肠道

把肠道图片打印出来，逐一向孩子展示整个肠道系统的运转。另外，还可以借助好玩的医生玩具，和孩子一起了解肠道是如何进行工作的、便便是如何产生的。以有趣的方式让孩子直观地了解身体结构，比孩子自己“无畏”的探索要更好操作一些。

朵妈育儿经

“天真的无知是可取的，因为它伴随着谦让、好奇心和开阔的胸怀。”

相比于保护孩子们珍贵的好奇心，他们小小的“恶趣味”其实也没那么接受不了，而且这完全算不上什么不好的事情。我们不用上纲上线，更不需要给他们贴上不文明、不礼貌的标签。如果我们把孩子这个特殊的时期放到他们整个的人生长度上来看，或许根本不值一提。我们可以借由孩子的这个敏感时期，跟孩子聊一聊语言的作用和尺度，让孩子明白语言也需要建立边界感。

2

如何对孩子进行性教育

孩子对“性”的好奇心从何而来

相信很多家长在生活中多多少少会遇到类似这样的尴尬，包括平时有些家长跟我说的，发现孩子在睡觉的时候摸小鸡鸡、夹腿等。许多家长把性视作洪水猛兽，闭口不跟孩子谈。但其实我们越不说，孩子越好奇。

▲ 性蕾期

3 岁左右，孩子进入性蕾期。这个阶段，孩子会对身体的某些部位表现出强烈的好奇心和探索欲，随之出现摸私处、展示生殖器、关注异性等行为。对此，家长不用着急和慌张，这是孩子成长发育的必经过程。虽然这些行为跟孩子其他正常行为无异，但其实预示着是时候对孩子进行性教育了。

▲ 性概念

在我们眼里，摸私处、展示生殖器、好奇身体结构等，是跟“性”有直接联系的，而且很多行为可能还暗含着暧昧的意味，这是因为我们更多的是从社会角度，用成人的思维去看待孩子的这些行为。

但是，在孩子眼中，这些行为其实是无意识的，因为他们对于性概念的认知几乎为零。当我们为此觉得难堪、尴尬而打骂、阻止孩子时，孩子会因此对这样的行为更加好奇，甚至偷偷地做这些事。

▲ 性别认知

研究表明，3~5 岁是幼儿性别意识发展的敏感期，直到 5 岁之后，他们才会有清晰的性别认知。

5 岁前，孩子虽然能感受到不同性别之间的差异，但是他们对性别的认知是模糊的。比如，一个穿了裙子的叔叔，会让孩子认为这可能是阿姨；一个 3 岁的男孩，平时知道自己是男生，但是在戴上假发之后，会认为自己变成了女生。

因此，孩子对异性会表现出天生的好奇心。他们会想要知道，男孩和女孩的身体有什么不同，爸爸和妈妈的身体为什么是不一样的，自己是从哪里来的。有时候，孩子还会无意识地模仿跟性有关的行为，比如摸私处。

怎样给孩子科普性知识

带娃路上，有时候尴尬总是来得猝不及防。

沐子妈妈甚至有点不敢多回忆。那天有朋友到家里来聚会，大人负责做饭，沐子被安排照顾几个弟弟妹妹。

一开始沐子非常大方地跟大家分享自己的玩具，几个小孩子玩得也特别开心，沐子妈妈就没有时刻留意他们。过了不知道多久，估计几个小孩玩玩具觉得没意思，就开始这里跑、那里藏。然后就看到一人拿一个“气球”跑了出来。

“看他那笑得灿烂的小脸，我尴尬得只想立刻消失，而大家灼热的目光却让我意识到，这尴尬场面怕是永远也过不去了。”沐子妈妈说。

原来是沐子带头进了他们的卧室，翻出了抽屉里一整盒避孕套，几个孩子吹得不亦乐乎。

沐子妈妈非常尴尬，巴不得这场聚会当即解散。

有朋友跟沐子妈妈说：“看来你家沐子想要一个小妹妹或小弟弟了。”

很多家长对于性教育从来都是讳莫如深、避之唯恐不及，而部分家长虽然意识到了性教育的必要性，却根本不知道从何处入手。在对低龄孩子进行性教育的时候，我们应该注意些什么呢？

首先，性教育不等于性爱教育。
其次，性教育从孩子有性别意识后就可以开始了。
最后，性教育的内容广泛，并不单指性行为。

真正的性教育包括生理和心理的性、社会的性、爱人与被爱、建立亲密关系、自爱和尊重他人等。性是美好的，但也要注意保护好自己，避免伤害发生。这里需要强调的是，培养“防性侵、防性骚扰”的意识，必须不分性别，从小开始。

▲ 认识身体

孩子5岁之前，我们可以通过绘本让孩子知道男女有哪些区别，告诉他们哪些部位是隐私部位，并明确告诉孩子，隐私部位只能自己和爸爸妈妈触碰，其他人不可以碰。如果有人想要触碰，就要大声叫出来或者立即告诉老师和家长。

▲ 尊重好奇心

性教育中一项重要的内容——“出生教育”，它的任务是告知孩子“我从哪里来”。所以，在面对这样的提问时，不要避讳，大大方方地告诉孩子，“宝贝，你是从妈妈肚子里生出来的。”如果孩子继续询问，我们可以找些科普的书籍、影视内容，让孩子了解“我从哪里来”。

朵妈游戏巧解难

如果家长不知道如何开口对孩子进行性教育，其实还可以借助一些影片、绘本和游戏来展开。

影片和绘本

影片和绘本在对孩子进行性教育的过程中能起到很大的帮助。在这里分享我和朵朵看过的一些纪录片和绘本：印度教育短片《父与子的性教尬聊》，绘本书籍《身体有个小秘密》《小威向前冲》。

怀孕的妈妈

和孩子一起看妈妈怀孕时的照片，让孩子了解自己出生前的过程。然后，爸爸和孩子每人拿一个小皮球，绑在肚子上走路、起坐、弯腰捡东西，等等，亲身感受妈妈怀孕时候的辛苦和不便。

朵妈育儿经

“性教育所包含的意义是非常广泛的，它既包含了教会孩子保护自己，也包含了教育孩子尊重他人。”

26 岁的台湾女作家林奕含，用上吊的方式结束了自己的生命。而悲剧的起因是一起真实发生的性侵事件！她在自己出版的长篇小说《房思琪的初恋乐园》里，讲述了自己从 13 岁到成年，惨遭老师性侵的真实经历。

看完这本书，我备受冲击。我们无法保证孩子从不遇见坏人，但我们可以教孩子辨别什么样的行为是恶意的，告诉孩子在面对坏人时可以随时向父母求助，鼓励孩子在面对任何越界的要求时勇敢说“不”。

现在不是“谈性色变”的时代，我们给孩子做性启蒙教育，最根本的是教会孩子如何保护自己和尊重他人。

3

孩子有了小秘密

朵妈，孩子也会有小秘密吗？
孩子为什么不能有小秘密呢？
孩子以前什么事都会跟我说，现在问他 ，他都不愿意说。
孩子不是什么事都必须跟大人说。
我也是怕他遇到什么不好的事。
如果担心他，可以直接跟孩子沟通。

孩子也需要一块“自留地”

从孩子隐私意识发展的阶段来看，0~3 岁，没有秘密；3~4 岁，秘密萌芽；4~5 岁，感受秘密；学龄期，为秘密困惑；青春期，守卫秘密。所以对于自我意识发展迅速的孩子来说，在 4~5 岁时有些小秘密也不足为奇。

▲ 孩子需要秘密

自我意识逐步发展的孩子，内心需要一方“自留地”。在这样一个相对独立的空间里，孩子可以肆意妄为，可以任性胡闹，还可以天马行空、无所顾忌。在这里，孩子不受长辈掌控，不受规矩约束，好与不好，由孩子自己来思考，自己做决定。

不要担心孩子有了小秘密会“变坏”，这其实是孩子走向独立的良好开端。因为这些专属于孩子内心世界的小秘密，会给孩子一个独享的空间，让孩子感受到不依附于其他人的自我价值和存在感。

▲ 孩子不愿与你说

不论孩子多大，有了秘密都是需要被尊重的，但如果孩子不愿意说，甚至不敢与父母说，就需要引起重视了。因为这表示亲子沟通出了问题。

长期敷衍孩子，会让孩子失去与你对话的兴趣，“既然父母不认真回答我，那就不跟他们说了吧”。

不问缘由地批评指责，则会让孩子对你产生抗拒心理，“跟父母说了也只会被骂，要不干脆就瞒着他们吧”。

剥夺孩子说话的权利，孩子也并不会听你的，“父母说父母的，听不听，那全看我自己”。

……

很多时候，保持良好的亲子沟通，父母只做到了“说”，却忘记了“听”，最终导致孩子有事也不愿与父母交流。

尊重和守护孩子的小秘密

> 小鑫妈妈最近有点苦恼，特意找我聊：“小鑫变化太大了，以前还会经常在我身边像个小话痨一样一直说话，但是现在，我们要问好多问题，他才会敷衍我们几句。”
>
> “上次还是听老师说起，才知道他在学校受到表扬了。”
>
> “有一天，小鑫在小区玩，跟小朋友闹了矛盾，跟谁都不说，最后还是他同学来我家玩的时候问起，我们才知道。”
>
> ……
>
> “唉！朵妈，孩子小小年纪就有小秘密了，我应该怎么办呢？真的有点着急。”

听了小鑫妈妈的描述，我思考了一会儿，问她：“以前孩子话多的时候，都会跟你说些什么？你的反应是什么样的呢？”

小鑫妈妈回忆道：“孩子经常开心地跑到厨房，抓着我的围裙，说自己搭好的积木多好看，刚刚动画片里的主人公有多好笑。但是我那会儿特别忙，所以一般都是回他‘好的，好的’，‘你先玩，妈妈正忙着呢’。”

有时候，小鑫跑去跟爸爸说事情，也总是兴冲冲地跑去书房，却特别失落地出来。聊到这里，问题的根源已经显而易见了。

家长要如何应对孩子的“小秘密”呢？方法其实很简单。

▲ 将掌控换成尊重

孩子不是物品，他们需要照顾，但不需要禁锢。大人可以给孩子建议，却不应该掌控孩子的生活。所以，当孩子有秘密时，请给予充分的尊重。

另外，父母还应该主动给孩子规划学习以及与家人相处之外的独处时间，允许孩子自我成长。

如果孩子愿意倾诉，那么请记得一定要守护好孩子的秘密，大肆宣传不仅会让亲子关系受到破坏，还会给孩子留下心理阴影。

▲ 将敷衍换成倾听

当我们发现孩子有秘密时，不要着急去揭穿，耐心等待孩子主动说出来。我们要相信，如果是值得信赖的亲子关系，那么孩子一定会在一个合适的机会向你表达和倾诉。

▲ 将逼迫换成平等沟通

孩子的思维方式和处理信息的能力，跟成年人有很大差异。所以，在我们跟孩子沟通时，就更需要使用恰当的表达方式。

比如，给孩子自己选择的机会：“橡皮，你想买蓝色还是红色？”选项也不要太多，两个最佳。另外，当孩子向你咨询建议时，不要直接回复，而是反问：“你觉得怎样处理比较好呢？”听孩子说完之后，再给一些启发。

有了互动的过程，孩子也会更愿意沟通和思考。因为良好的亲子关系以及值得全身心信赖的父母，能够让孩子保持稳定的心态。在这样的基础之上，父母和孩子之间会建立起更紧密的亲子关系。

朵妈游戏巧解难

交流会

选择每天晚上或每周的一个固定时间，一家人在一起进行学习及工作的交流。孩子分享自己在学校的趣事，父母分享自己在工作中遇到的事情，爷爷奶奶分享在购物时发生的故事。鼓励孩子大胆表达，让彼此之间更加亲近。

传声筒

全家人组成一个传声筒小组，从前到后依次传递信息，由短句到长句，再到段落，逐步增加信息传递的难度，最后由排在队伍末尾的人来进行复述，信息越完整，获得的评分越高。

多次交换顺序，获得分数最高的人可以得到奖励。

这个游戏锻炼复述能力，同时也让家人了解彼此的表达方式，让亲子沟通更顺畅。

朵妈育儿经

“一个人必须学会独处。与人交往，是看清世界；与自己独处，是看清自己。”

孩子有小秘密从来都不是一件坏事。作为父母，我们最需要做的是尊重孩子的隐私和独立人格。但这不是说让孩子自己去发展。保持良好的沟通，建立孩子信赖的亲子关系，也是我们需要重视并做好的。

在好的亲子关系基础上，很多孩子成长中的问题也许就不会发生。而出现的许多问题，我们也能轻松找到应对方法。

4

死亡教育真的那么重要吗

死亡教育和生命教育

当我第一次在“朵妈陪娃”公众号上跟大家探讨关于死亡教育的话题时，有不少家长留言表示：为什么要跟孩子讲死亡？而另一部分家长则表示：小时候，父母一直对“死亡”这个词语讳莫如深，以至于成年后第一次面对亲人过世时备受冲击。

当孩子问起“死”这类问题时，有些家长可能会编一些“美好”的谎言：人死后会变成天上的星星，他去了很远很远的地方……这样的回答很容易让孩子对死亡产生错误的认知，对生命缺乏敬畏之心，甚至会让一些猎奇心重的孩子产生跃跃欲试的冲动。

一方面，我们因为新生命的出生而喜悦；另一方面，我们对一个生命的陨落而伤感。其实，不管是死亡教育还是生命教育，都非常重要。

▲ “我从哪里来”

很多孩子都会好奇“我是从哪里来的”，当他们经历过自我意识发展阶段，语言发育到一定水平之后，他们就会不断向身边的人发问，直到他们听到一个确切的答案为止。

虽然，那些答案可能是：从垃圾堆里捡的、充话费送的、树上摘的……生命是神圣而美好的，那些无厘头甚至有点可怕的答案，其实很容易消解孩子的安全感，更没法让孩子感受生命的重量。

▲ “我将去往何处”

“生”和“死”是人这一生不得不面对的两大命题。回答了孩子关于“生”的提问，也必然要解答他们对于“死”的疑惑。

虽然孩子年龄小，但可能遇到的相关事情并不少，比如即使是一株植物的凋零、一只宠物的离开，都足以引发他们对“死亡”的好奇。我们越是不说，孩子们则越是想要探寻其中的缘由。

我们担心“死亡”会让孩子害怕，但我们避而不谈的态度，反而更容易给孩子带来恐惧。

▲ 尊重生命

人的生命是非常脆弱的，生命只有一次，失去了便不再有。关于生命教育，教会孩子尊重生命是最核心的意义，这里包含了两个方面。

☆ 爱惜自己的生命

当人的自我价值感很强时，会对生命表现出热爱和尊重，这样的人会愿意奋力向上生长，努力让生命变得精彩，活出生命的意义。

在帮助孩子提升自我价值感的过程中，自信心的培养是基础，充足的爱和关注可以给孩子提供养分，而父母对生命的尊重、对生活的热爱，则会成为孩子一生最佳的示范。

☆ 尊重他人的生命

“己所不欲，勿施于人”，每个人的生命都是珍贵的，而他们也值得被尊重。不要欺负比自己弱小的人、尽己所能地帮助他人、理解他人的痛苦和悲伤……这些都是我们需要教会孩子的。

如何与孩子讨论“死亡”

说真话，怕吓着孩子；描绘得太美好，又怕他们没有准确的认知。其实在这个过程中，最重要的是家长自己要正视死亡，保持一种中立、开放的态度。

我们在对 6 岁以下孩子进行死亡教育时要注意以下两点。

▲ 不回避，坦诚讨论

不要刻意避开这个话题，当孩子主动提出时，就和孩子坦诚地谈。

不同年龄段的孩子，对于死亡的理解程度是不一样的，因此，在对孩子进行死亡教育时，有必要根据年龄采取不同的方式。

☆ 3 岁以内：孩子对死亡没有特别深的概念，所以，要借用身边的动物、植物来让孩子理解死亡。如果孩子的宠物死了，可以跟孩子描述：“小猫死了，它就静静地不再动，不会再跳到你怀里，也不能喵喵喵地叫了。”

我们的表达是温和的、平静的，一般不会给孩子造成太大的情绪压力，也不会让孩子对死亡产生特别恐惧的联想。

☆ 3 岁之后：我们可以借助相关的绘本、影片，从科学的角度向孩子解释死亡。尽量保持自然的语气，让孩子理解生老病死是每个人都必须经历的过程。

同时我们要对孩子做好安全教育，教会孩子自我保护。

▲ 不欺骗，避免更多伤害

很多人考虑到孩子的接受程度，会选择欺骗孩子，对他说“他就是睡着了”“他去了一个很远的地方”，这样做反而让孩子心里留下一个期待或者遗憾，永远想要去弥补。

相比于欺骗孩子，不如大大方方告诉他：任何人都会离开，包括爸爸妈妈，这是一种自然的生命状态，我们一起去面对它、接受它。用孩子能接受的方式讲述死亡，给他们充足的安全感，他们会慢慢接受死亡，并且学会正视死亡、尊重生命、快乐生活。

朵妈游戏巧解难

我们之所以要给孩子做死亡教育，更多的是希望孩子珍惜生命、敬重生命，这样才能更好地保护自己。

养一株植物／一只动物

养植物或小动物是给孩子进行生命教育的很好的方式，通过这些花费时间、精力的过程，孩子能够更真切地感受到生命的存在，懂得生命的美好和魅力。

记录四季

将每个季节代表性的植物、颜色、食物等一系列事物记录下来，年底时进行回顾，和孩子一起感知时间的流转和生命的变化。

朵妈育儿经

“生命既脆弱又顽强，既美好又无奈，最终把生命活成什么样子，决定权在我们自己手中。”

死亡教育和生命教育不可回避，作为父母的我们更是应该教会孩子爱惜和尊重生命。但不可否认的是，在面对“生”和“死”这样重大的人生命题时，我们虽然有一些经验，但依然有很多内容需要去学习，不如与孩子一起去学习。

只有当我们正视“死亡”，才能够更好地掌握生命，收获如夏花般灿烂的人生。

5

孩子又尿床了

朵妈，为什么孩子 4 岁了还会尿床？
有多方面的原因。
①
每次都要喊醒，不然下半夜肯定尿，他自己也觉得不好意思，但就是控制不住。
不要给他压力。
②
尿床后，我们得收拾好久，他累我们也累。
了解原因，对症下药。
③

为什么大孩子还会尿床

一般情况下，孩子 3~4 岁时开始学习控制排尿，这个阶段，偶尔出现尿床的情况，是比较常见的。而长期不良的饮食和睡眠习惯，则会导致孩子出现各式各样的问题，尿床是其中之一。

如果孩子已经掌握了自主排尿能力，却还总是尿床，家长则需要引起重视。

▲ 压力大

孩子进入新的学校要适应新环境，要参加某个活动或比赛感到紧张，父母最近关系紧张，近期受到的指责较多，等等，这些都会对孩子造成心理负担。对于成长期的孩子来说，他们还没有办法找到合适的舒缓压力的方式，于是尿床就成了生理上表达压力的方式之一。

▲ 受到惊吓

孩子白天或睡前突然受到惊吓，可能当时反应并不强烈，但是会让他们的大脑持续紧张、焦虑，进而导致在睡觉的过程中，出现不受控制的排尿行为。

这需要我们细心了解孩子的经历和感受，耐心地给予孩子陪伴和鼓励，帮助孩子更好地应对心里的恐惧感。

▲ 心理落差

这种情况多出现在二孩或多孩家庭：大孩子已经很大，也很久没有尿过床了，但是家里有了弟弟妹妹后，孩子却又出现了尿床的现象。这种情况在心理学上被称为“退行”，因为自己被忽略，而弟弟妹妹又备受关注，所以大孩子在潜意识里渴望变得和小宝宝一样，进而导致他在行为表现上也变成了一个小婴儿。

从某种程度上来说，孩子的这种无意识行为其实是在努力引起父母的关注，以此来弥补被弟弟妹妹分走关爱的心理落差。

及时关注，正确引导

芙芙上小学半年多了，一直都很乖巧懂事，但最近她尿床这件事却让全家人都很难受。一边是需要照顾新生宝宝的奶奶和妈妈，一边是工作繁忙的爷爷和爸爸，全家人的注意力都集中在了弟弟身上，芙芙的很多情绪就被忽略了。

“本来大家都忙得不行，现在她又尿床了，光清洗都是件麻烦事。”

“原来都好好的，好久都没有尿过床了，现在上小学了，反而还尿床。”

“正好赶上南方梅雨季节，尿湿了，不洗不行，洗了根本晒不干。”

为芙芙尿床这件事，奶奶不知道叹了多少气，说了多少不满。

可以看出来，芙芙这是典型的由心理落差导致的“退行”。幸运的是，家人及时发现了这种情况，并且给了芙芙及时的关注，也让这个问题得到了很好的解决。

在发现孩子尿床之后，家长一定不要着急，甚至是打骂孩子，因为这很可能给孩子造成进一步的心理压力，同时严重伤害孩子的自尊心。

根据我的经验，下面的做法效果会更好。

▲ 及时进行适当的排尿训练

根据孩子的年龄，及时对孩子进行适当的排尿训练，可以让孩子更好地适应作息变化。

1 岁左右的孩子可以有意识地进行自主排尿了，但是因为膀胱小，控制能力弱，所以还需要家长的帮助，保持 2 小时左右一次的排尿频率。

2 岁之后，孩子在白天基本可以自主控制排尿，但是入睡之后，依然需要家长的督促和引导。这时候，可以适当减少孩子对纸尿裤的依赖，同时，还有必要教会孩子：有尿意时一定要主动告诉身边的大人，避免尿裤子和尿床情况的出现。

▲ 关注孩子的内心感受

5 岁之前，孩子尿床可能是缺少排尿训练导致的，但是 5 岁之后，突然出现尿床现象，大部分与孩子的心理感受相关。

发现孩子尿床的第一时间，先安抚好孩子，然后再问问孩子白天的经历、近期的感受等，了解孩子内心的感受和真实的情感需求，就可以有针对性地给予满足。

▲ 调整不良饮食和作息习惯

为了避免孩子经常性的尿床行为，还需要我们从孩子日常的饮食和作息习惯入手，让孩子能够从生理机制上减少尿床的出现。

例如，睡觉之前不要给孩子饮用大量的水，不要吃太多的水果，在睡前督促孩子排便，不要让孩子憋尿睡觉等。好习惯长时间坚持下来之后，孩子尿床的次数也会相应减少。

朵妈游戏巧解难

观察日记

记录孩子晚上尿床出现的频率和时间，以 1 个月为周期，然后根据观察结果定一个“尿尿闹钟”。闹钟响了，爸爸妈妈和孩子一起起床，立刻去厕所，避免尿床事件发生。

尿尿打卡

绘制一张打卡表格，如果孩子能够在晚上及时自主地完成尿尿，坚持执行 1 个月时间之后，孩子的好习惯会在这个过程中慢慢养成。而他也会切身感受到自主排便、及时主动排便的好处。在这之后，自然而然地也就愿意坚持做好这件事情了。

朵妈育儿经

教育孩子最忌讳发脾气，因为这就像埋下一颗“定时炸弹”，某一天孩子就会爆发。

小时候，有一次我半夜尿床，我妈气冲冲地让我下床，说：“这么大还尿床，真丢脸！”从此我变得小心翼翼。而现在每次我做错事或者手足无措的时候，我老公总是用幽默的方式帮我化解压力，然后第一时间安慰我，并且提出解决方案，让我安全感满满。两种不同的处理方式，带来了截然不同的结果，也给了我教育孩子的启示：情绪化的语言不能解决问题，温和沟通才是应对之道。

孩子竟然“偷”东西

太气人了！我家孩子竟然偷东西。
!!!
1
昨天看见他在玩一辆新玩具车，问他哪儿来的，一会儿说同学送的，一会儿说捡的。
最后怎么处理的呢？
最后爸爸吓唬他，他才说是在玩具店觉得好看就拿了。
2
我们赶紧带他回到玩具店，郑重道歉并付了款。
你的处理方式挺好。关于孩子“偷东西”这件事，并没有那么严重。
3

孩子为什么会“偷”东西

“小时偷针，大时偷金”，家长在处理孩子的“坏”行为时总是特别敏感。对于孩子偷拿东西的行为更是闻之色变，“小小年纪不学好，没法教了”“这么小就学坏了，以后难以想象”……

虽然偷拿的行为特别不好，但对还没有足够道德认知的孩子大加指责，并且说他是小偷，这样的处理方式其实不可取。因为低龄孩子眼里的“拿”，跟我们眼中的“偷”存在着本质区别。

▲ 缺乏物权概念

根据心理学家皮亚杰的理论，儿童道德发展分为三个阶段，其中 2~5 岁处于前道德阶段。

这个时期，孩子还没有形成完全的物权概念，习惯以自我为中心，而且分不清“你”“我”“他”的概念。于是，当他们看到自己喜欢的物品时，并不会想物品属于谁，而是会很主观地认为“这就是我的”。

▲ 匮乏感引发占有欲

父母工作繁忙时，可能会缺少对孩子的细致关注，会经常性地忽略或忘掉孩子提出的需求。

由于长时间物质、心理需求没有得到满足，堆积起来的失望会转变为严重的匮乏感，最后导致孩子尝试用各种各样的办法来满足自己的欲望，“偷拿”就是一种直观且明显的行为表现。

▲ 无意识的模仿行为

不得不说，孩子对某些坏行为的学习能力是超强的。如果孩子身边有同伴进行过这种“偷拿”行为，且正好被孩子看到了，那么他们也会跟风模仿，甚至还会在跟同伴的“比较”中，对“偷拿”乐此不疲。

遇到孩子拿他人东西该怎么办

最近，雅雅妈妈在给孩子整理书包的时候，总发现一些自己没看过的玩具。

问过家人之后才意识到，这可能是雅雅偷拿回家的。但是，这些玩具到底是从哪里来的呢？还是得问问雅雅才行。

“宝贝，你书包里这个洋娃娃好漂亮哦，它叫什么名字呀？”

“妈妈，它是辛迪公主，我和同学都好喜欢，吴老师也说它很好看呢。”

“你把辛迪公主带回家了，同学和老师们会不会想它呀？”

“不知道，上次放学我就带回来了，他们都没发现。”

“那我们明天就把辛迪公主带回学校去，好不好？”

“为什么呢？我好喜欢辛迪公主的。”

“雅雅，妈妈问你，如果表妹芙芙把你的兔兔玩偶拿走了，你会不会难过呀？”

“会呀，我会哭的。”

“那你想想，你把辛迪公主带走了，同学和老师肯定也会很伤心。而且它是大家的公主，要和大家在一起，是不是？”

“嗯，好吧。”

可以看出在雅雅的心里，完全没有把“拿”和“偷”关联起来，她只是因为喜欢，所以将玩具占为己有，经过妈妈耐心地引导，她很乐意将玩具还回去。

家长的引导是必要且关键的，尤其在孩子第一次出现偷拿行为时，及时地制止和约束会对孩子产生积极有效的长期影响。面对孩子的偷拿行为，家长具体还可以这样做。

▲ 控制情绪

发现孩子出现偷拿行为，家长内心自然是五味杂陈的，指责、惩罚很是常见，但这些并不能解决根本问题，甚至还会让亲子关系紧张，让孩子不愿意与家长沟通，而家长也失去了纠正孩子行为的机会。

对于孩子的偷拿行为，父母一定要保持冷静，不要对孩子横加指责，因为这样只会让孩子感到压力很大，甚至为了逃避父母的惩罚而说谎。而且越强烈的管教方式，越可能让孩子觉得自尊心受伤害，进而引发孩子强烈的叛逆行为。

鼓励孩子说出原因，提出解决方法，事情就会变得简单许多。

▲ 是非观念

在帮助孩子树立物权意识，明确“你”“我”“他”的概念之后，父母有必要及时向孩子传递正确的是非观念。

例如，想要别人的东西，必须经过别人同意才可以，凡是没有经过他人同意偷拿的行为都是不对的，而且会受到惩罚。

还可以通过提问或游戏的方式，让孩子设身处地体会“受害人”的感受，举例：“如果有人没有经过你的同意，把你最喜欢的玩具拿走了，你会是什么感受呢？”进而诱发孩子内心深处的内疚感，让孩子对“受害人”产生共情，然后有意识地约束自己的行为。

▲ 承担责任

当偷拿行为发生之后，除了教育孩子分清对错之外，更重要的是要教会孩子承认错误、承担责任，并且主动归还物品以及向“受害人”道歉。

正是因为责任心难能可贵，所以更需要父母有意识地进行培养，让孩子具备遇到问题不逃避的勇气。

朵妈游戏巧解难

绘本

当我们遇到一些不知道如何正确引导孩子的问题时，可以借助相关的绘本。在阅读中，潜移默化地教给孩子一些道理，给孩子正向的示范，也给孩子反面的警示。纠正孩子偷拿行为，推荐两本我和朵朵都很喜欢的绘本——《随便拿别人东西可不行》《晴朗的一天》。

分清“你”“我”“他”

借助便条或贴纸，将家中的物品，如水杯、牙刷、书本等，进行标注：“爸爸的”“妈妈的”“孩子的”……在使用他人的东西前，一定要跟对方说明，得到允许之后才能拿走。

长期地实践和示范，孩子会慢慢形成意识和习惯，会更懂得爱惜自己的物品，也会明白：使用他人物品前，一定要征得对方的同意。

朵妈育儿经

“具有强大同理心的孩子，既可以观照好自己的内心，也能够照顾到他人的感受。”

有着良好共情能力和同理心的人，会推己及人，并严格约束自己的行为。孩子偷拿行为的背后，是孩子以自我为中心，缺少对他人感受的同理心和共情。相比于对孩子的偷拿行为大加指责，或是为了孩子可能变坏而担心，父母更应该重视对孩子共情能力和同理心的培养。

7

孩子有个假想好朋友

朵妈，你说孩子是不是可以看到我们看不到的东西？
怎么会这么问？
1
最近孩子总说有个好朋友，名叫“小爱”。
然后呢？
2
玩玩具的时候会说“小爱，现在轮到我了”，吃饭的时候会说“小爱，我要吃饭了”。
可那会儿家里根本没有第三个人。
别担心，这是孩子的一个“假想朋友”罢了。
3

为什么会出现假想伙伴

“假想伙伴”这一概念，最早由心理学家斯文森提出，指的是他人看不见、完全由儿童想象出来并认为是真实的隐形同伴。

假想伙伴分为两种：一种是看得见的，比如娃娃、手指等；另一种是看不见的，孩子会表现得仿佛它是真实存在的，但是其他人看到的却是他对着空气说话。

对大部分孩子来说，其实他们知道这个“小伙伴”并不是真实存在的。但是家长就觉得很奇怪，既然这样，孩子为什么还会出现假想伙伴呢？

▲ 自我映射

假想伙伴的出现，其实很大程度是孩子对自我的一种映射。

孩子将自己的喜恶都放置在假想伙伴的“人设”上，通过与伙伴的对话，孩子一边了解了自己，一边也间接地将自己的喜恶告知身边的人。

▲ 角色转换

随着社交空间的不断扩大，孩子也渴望能有机会展示自己的价值以及被他人所依赖和需要。所以他们需要一个能被自己完全掌控的伙伴。

在成人面前，孩子不得不服从指令，和朋友在一起，多少会有一点摩擦。但是假想伙伴不一样，它会完全配合自己的要求。

▲ 情感需求

缺少陪伴、疏于社交的孩子，往往更容易出现假想伙伴。因为他们的情感需求没有得到满足，当孤独、消极情绪出现时，就会非常需要假想伙伴来缓解他们对陪伴的渴望。所以我们会听到孩子经常对着那位“看不见的朋友”说：“我们来玩这个吧，我们来玩那个吧……”

▲ 责任推脱

当孩子犯了错，却不想被大人责骂的时候，或者是大人让孩子去做他不想做的事情时，假想伙伴还是一个很好的“背锅选手”。于是，我们经常听到这样的辩解，“是它打破的！”“是它想吃！”“它不想洗澡”……

假想伙伴的利与弊

小杰的假想伙伴——豆豆，是在小杰从老家回来，小杰的妈妈准备送他去幼儿园的时候发现的。

“我有个很好的朋友，她叫豆豆。”小杰这样跟妈妈说的时候，妈妈没有太在意，以为是他在老家新结识的朋友。

那天小杰妈妈正要去上班，小杰送妈妈到电梯口时说：“妈妈，再见。”然后又转头说，“豆豆，你也要跟妈妈说再见哦。”

那个瞬间，小杰妈妈只觉得脊背发凉。然后着急地问小杰爸爸和爷爷奶奶，是不是之前也有类似的情况。

大家才发现豆豆已经出现好几次了，只是大家忙着照顾小宝，忙着各自的工作和事情，一直没放在心上罢了。

其实假想伙伴一般会在孩子的童年早期出现，晚期消失，只有少部分会伴随孩子长大，所以父母在发现时不要太紧张，也不用过于担心，这是一种暂时的过渡性心理现象。

父母只需要细心做好沟通，给予孩子足够的陪伴，就可以帮助孩子顺利度过这一阶段。

▲ 不要制止

为了让假想伙伴更加真实，孩子会不断地观察人们的言行举止，并不断完善这个朋友的设定，甚至会为了这个朋友编造出许多完整的故事情节。这种故事既可以锻炼孩子的想象力，也可以促使孩子多多观察生活，对往后的人际交往大有帮助。

当我们发现孩子的假想伙伴时，不要着急制止，不妨自然地接受“它”的存在。这个过程不仅可以守护孩子的想象力，还能够帮助我们更好地认识孩子，了解孩子不敢说的秘密。

▲ 细心陪伴

只要父母给予孩子足够多的关注和陪伴，就可以很大程度上减少假想伙伴出现的次数，同时还能及时拉住孩子，不至于沉溺在假想之中而忽略了现实生活。

▲ 坚守原则

大部分情况下，我们都可以坦然接受孩子的假想伙伴，但是如果孩子在犯错之后，却让这个假想伙伴来承担责任，我们则有必要坚守住原则，不能让孩子逃避责任。

另外，如果孩子用假想伙伴来发泄怒气、嫉妒等负面情绪时，我们则要鼓励孩子说出内心的真实想法，引导孩子正确表达自己的情绪，进而学会如何应对这些负面情绪。

朵妈游戏巧解难

交朋友

为了避免孩子过于依赖假想伙伴，家长需要及时沟通和陪伴。与此同时，还可以多带孩子接触其他同龄朋友。

当孩子的社交面逐渐拓宽，现实生活中的朋友越来越多，那么孩子也就不再牵挂那个不存在的朋友了。

说反话游戏

说反话游戏可以帮助孩子更好地理解真假的区别。

指令：“说反话，说反话；我说正话，宝宝说反话。我说爸爸的头发是直直的。”

回答：“说反话，说反话；妈妈正话我反话，爸爸的头发是卷卷的。”

指令：“说反话，说反话；我说反话，宝宝说正话。我说太阳是圆的。”

回答：“说反话，说反话；妈妈反话我正话，我说太阳是方的。”

朵妈育儿经

“孩子得有一个隐秘的世界，里头住着从来不存在的东西。”

孩子的想象力是难能可贵的，而假想伙伴的存在很大程度上就是孩子想象力丰富的表现。面对孩子这个有点特别的“朋友”，我们除了在原则性问题上坚持之外（比如孩子借假想伙伴逃脱责任），需要做的就是理解和尊重孩子，给予孩子及时的关注和陪伴。如果情况特殊，严重到影响孩子的日常生活，那么我们有必要及时带孩子就医，咨询专业医生的建议。

第六章

小父母，不被束缚的“焦虑”

育儿过程中，父母把自己也当作孩子，跟着孩子一起成长，是一件幸福的事。

1

接受孩子的平凡

朵妈，我最近感觉非常焦虑。
怎么了？因为孩子吗？
①
她2岁学英语，3岁练舞，4岁弹钢琴，5岁练书法……可最近孩子参加一些比赛，发现其他孩子都好优秀。
所以你就焦虑了？
②
我需要增加她的学习时间吗？找更专业的老师吗？
••••••
③

为什么我们不能接受孩子的平凡

“别人家的孩子都太优秀了，真怕自己的孩子跟不上进度，以后差距越拉越大怎么办呢……”这样的忧虑来自一个5点起床做营养早餐，6点带孩子上英文早课，每周陪孩子上4次培训课的妈妈。

我能理解真真妈妈的焦虑，但我始终觉得面对激烈的社会竞争，如此“逼”孩子、“逼”自己都是不可取的。

因为我相信每个孩子都是特别的，与其“逼着”孩子优秀，倒不如接纳孩子的平凡，然后去发现孩子的特点，给孩子多一点成长的时间。

▲ 大成本≠高回报

接纳孩子的平凡对父母来说不是一件简单的事情，原因是多方面的。如同父母对我们寄予厚望一样，在孩子出生之后，我们也会对他充满期待。最初希望他健康快乐成长，慢慢地希望他身高、体重等各项指标优良，再后来希望他能够事事拔尖。

随着社会中各项“竞争指标”的出现，育儿圈开始出现“内卷”“鸡娃”等词汇，将当下一家人花费大量人力、物力和金钱辛苦养孩子的现状贴切地描绘了出来。

孩子几个月大的时候开始上早教班，三四岁时就上几个兴趣班，上学之后更是补习班、特长班一起来……家长们一边花费着高额的资金培养孩子，一边依旧害怕孩子跟不上别人的脚步，总是想尽各种办法给孩子争取更多的机会。

在如此“大成本”的投入之下，渴望“高回报”是自然而然的心态，当孩子稍有松懈、偶尔表现不如预期时，育儿焦虑随之出现。

▲ 情感转移

很多父母要求孩子学各种特长，有一部分原因是为了弥补自己成长中的遗憾。例如，小时候很想学画画，可父母说学画画没前途；小时候很喜欢跳舞，但父母说跳舞不能当饭吃……现在条件允许了，肯定不能让孩子落下这些特长的学习，哪怕孩子不喜欢画画和跳舞，也让孩子先学了再说。

另外，还有部分父母则是因为自己成长之路太过坎坷，吃了很多苦，害怕孩子会像自己一样，所以从小就培养孩子，希望他能变得优秀，可以绕开那些弯路，少吃些苦。

当这种梦想和情感被转投到孩子身上，不仅会给孩子造成压力，还会让家长一直处于紧绷状态。

接受孩子的平凡

纪录片《人生七年》，记录了 14 个 7 岁孩子的成长经历，每隔 7 年进行一次拍摄，直到他们 50 多岁。

我们发现，无论当初他们的父母如何地踌躇满志、倾尽全力，这些孩子现在几乎无一例外地穿着普通的衣服，做着普通的工作，过着普通的生活。

这部纪录片揭示了一个残酷的事实：世界上突出且成功的人，始终是极少数的一部分，而大部分人终将过着平凡的一生。

接纳自己和孩子的平凡与保持努力上进并不冲突，但是如何处理好两者之间的关系，重点在于我们如何面对这样的“真理”。

▲ 调整心态

与其让孩子去学习不擅长的内容，不如去挖掘孩子的潜能，以更包容的心态面对孩子的成长。

如果孩子不愿意学钢琴，那么试试长笛也挺酷；如果孩子不喜欢网球，跟小伙伴们胡闹着踢踢足球，同样也能锻炼身体……

与其迫切地去改变孩子，不如换个思路，调整心态：孩子不擅长的就不擅长吧，即便他没有拿得出手的技能，他生性善良，为人诚实、乐观也很好，不是吗？

相比一味地“鸡娃”，不如以开阔的心态去鼓励孩子尝试和体验更多的新事物，帮助孩子找到他们的兴趣爱好。这样的话，父母的焦虑感也会减少很多。

▲ 学会放手

接受自己和孩子的平凡，并不是退缩和放弃，而是不放大自己的预期，保持健康的心态，培养接纳自己和他人的智慧，坚持追求梦想的恒心和勇气。

作为父母，想事事护孩子周全，这无可厚非，但对孩子来说，给他们机会，让他们学会独自面对，这样也能更好地锻炼孩子的独立能力和应变能力，培养他们强烈的责任感。

另外，随着孩子自我意识的发展，他们的个性也越发地展露无遗，这时候，一味用固定的“优秀”标准来要求孩子，无疑是对孩子个性的抹杀。学会放手，是父母必须学习的课题。

朵妈游戏巧解难

为什么会给孩子安排这么多的课程，真真妈妈表示，自己也很无奈：

“长居国外的朋友在孩子很小的时候就选择了早教，现在上小学了，你会发现他确实比身边很多孩子要更大方和自信。一直‘鸡娃’的闺密，不仅给孩子安排了课程，更是给一家人都规划了学习内容，现在她家孩子是真的特别优秀，人人都羡慕……我也想真真有个快乐的童年，但是她的同龄人都这么优秀还一直在努力，她长大后要如何去跟这些人竞争呢？”

真真妈妈的这种顾虑，我想也是大多数家长的顾虑。但是接受孩子的平凡，并不等于放任孩子，更不等于让孩子什么都不做。

“我们接受孩子的平凡，更多的是跟焦虑的自己和解。”我这样跟真真妈妈说。

当我们不带功利心地陪伴孩子成长，尊重孩子的喜好，支持他的发展方向，相信即便他最终没有在某个领域获得突出的成就，

你也能够坦然接受，不至于因心理落差太大而采取极端逼迫孩子学习的方式。

不是所有人都能考上清华、北大，不是所有人都能成为上市公司创始人，不是所有人都能站在聚光灯下……但是这并不妨碍我们去追求更好的生活，更不妨碍我们今天的生活比昨天更好。

保持良好的心态，积极面对生活，那么我们才可以在春天赏花、在夏季游泳、在秋季观落叶、在冬季看雪飘，切身感受人生的美好。当我们能抱着平常的心态对待生活，对待孩子的成长，那么，育儿焦虑也会远离我们。

朵妈育儿经

“不以爱为名，绑架孩子的成长。”

为人父母，我们不仅要学会接纳自己的平凡，也要学会接纳孩子的平凡。如果哪天孩子问你：“妈妈，我长大想当厨师，又想当公交车司机，你觉得哪个好一些？”你会怎么回答？

我的回答是：“两个都好，妈妈为你加油，但是不管做什么，现在都应该努力，咱们一起加油吧！”

2

我们都是第一次做父母

第一次做父母，我们为什么焦虑

我发现，很多新手父母对于即将出生的宝宝既期待又担忧。他们甚至会在脑海里预演许多场景，例如孩子生病了、孩子受欺负了、孩子学习不好、孩子性格不好……无论哪一种情况都足以让他们慌乱无措，生怕自己一个不小心，耽误了孩子的成长。

“父母之爱子，则为之计深远”，几乎是从得知怀孕的那一刻起，我们就有了做父母的焦虑感，要说我们到底为什么焦虑，主要有以下几个方面。

▲ 对未知的担忧

从心理学角度来讲，人对自己没有做过的事情，天然是缺乏自信心的，所以第一次为人父母，对自己是否能做好父母这件事存在担忧，是非常正常的情况。因为第一次做父母，很多事情都需要学习、熟悉，再加上作息时间不规律导致的精神状态不佳，也会让初次为人父母的焦虑感更加严重。

这种焦虑还会让新手父母将微小的事情放大，从而引出一连串的负面情绪。

▲ “好父母”的评判标准单一

做父母之后我们会发现，孩子的一言一行都会成为评价我们是不是“好父母”的依据。

孩子生病、不舒服会自我责备：都怪我太粗心，没把孩子照顾好；孩子性格不好、成绩不佳，会自我怀疑：是不是我的方法不对？

还是我不够聪明，怎么就教育不好孩子呢？

在《教养的迷思》一书中，作者朱迪斯·哈里斯用大量的科学研究表明：为人父母不像大家所想的那样，不是你付出真诚和努力就一定能成功的。有时候，优秀的父母不一定就能够教育出优秀的孩子，但这并不意味着都是他们的错。

▲ 环境导致的焦虑

焦虑情绪很常见，有时生活或工作中也会因为竞争和压力而产生焦虑感，育儿焦虑只是其中之一。

在这样的环境中，我们需要先处理、应对好自身的焦虑情绪，及时地找到问题根源，努力去解决问题，而非任由问题发展，最终让这样的焦虑不断蔓延。

在教育孩子这件事上，要有自己的思考，而非人云亦云或总与他人比较，甚至将自己的焦虑转移到孩子身上。

第一次做父母，我们可以怎么做

在当妈妈之前，她是个胆小怕黑、爱哭的女孩，但是现在的她，经常夜里起床，只为看一眼孩子是否熟睡；在做爸爸之前，他也是个懒散贪玩、粗心的男孩，但是现在的他，已经能够把奶粉冲得刚刚好，换起纸尿裤来得心应手。

孩子给我们的生活带来了巨大变化，我们从手足无措变得从容不迫。在如何做好父母这件事情上，每个人的感受都是不一样的，所以，要说总结成功经验，肯定也是不一样的。

作为两个孩子的妈妈，我整理了几点自己的育儿心得，分享给第一次做父母的新手爸妈们，希望可以缓解大家的焦虑，让育儿这件事情变得轻松一些。

▲ 别焦虑，慢慢学

面对嗷嗷待哺的孩子，手忙脚乱的我们，没有时间、精力去为那些还没有发生的事情筹划，我们只要专注于当下，逐个去解决眼下的问题就好。而这恰恰能够让局面变得豁然开朗：作为父母，我们并不完美，但是可以不断地学习、补充知识，和孩子一起成长。

▲ 别着急，多点耐心

孩子的成长不是一天两天就能完成的事，在这样一个漫长的育儿过程中，最为重要的就是父母的耐心。

这里的耐心可以分为两方面：一是父母对自己有耐心，要给自己学习、进步的时间，相信自己可以把育儿这件事做得很好；二是父母对孩子有耐心，不敷衍、轻视孩子的需求，亲子沟通时注意保持情绪稳定，允许孩子犯错，看到孩子的优点，等等。

▲ 别顾虑，适当放手

都说父母和孩子之间是一场渐行渐远的别离，所以学会放手是父母的必修课。

孩子是独立的个体，作为父母，我们可以陪伴他们一段时间，但没有办法陪伴他们一辈子，因此，我们要教孩子独立自主的能力，同时更要学会适当放手，给他们独立成长的空间。

朵妈游戏巧解难

有很多人问，生个孩子对我们来说意味着什么。可能每个人的感受都是不一样的，对我来说，朵朵和弟弟的到来，让我经历了太多人生的“第一次”：

第一次抱那么小的婴儿，我惊慌失措，不知道该把胳膊放在哪里，我觉得特别别扭，朵朵也因为不舒服动来动去；

第一次给孩子喂奶，不知道怎样的姿势才是正确的，差点堵住朵朵的小鼻子和小眼睛；

第一次给孩子换纸尿裤，分不清前后，说明书看了又看，才勉强换好皱皱巴巴的纸尿裤；

第一次给小宝宝剪指甲，那么小、那么细的手指头，实在不知道如何下手，一不小心就把指甲剪得特别短；

第一次碰上孩子发烧，睡衣都没换就抱着孩子去医院；

第一次听到孩子叫出不清晰的“妈妈”，我给身边每个朋友打电话炫耀，高兴了一个星期……

这一路跌跌撞撞，是孩子让我们学会了怎样做一个合格的父亲或母亲。现在的我们，知道每次外出前要准备哪些东西，知道孩子生病了该去医院还是可以先在家吃药观察，知道了他们每个阶段行为背后的成长……

我们曾是父母手心里的宝，可以什么都不会，但是一个小生命的到来也给了我们成长的机会，激励我们快速学习、成长。

朵妈育儿经

“做学习型父母，比做‘好父母’更重要。”

在做好父母这件事情上，足够用心、保持学习的父母往往会做得更好，也更从容。

在同朋友们探讨如何做好父母这个问题时，我的观点一直都是：好父母是成长型的。做父母、养孩子，是一辈子的事情。我们是否做得足够好，短期是没办法做出评价的，而且也没有一个既定的评判标准，倒不如我们一边做一边思考，做学习型父母，跟着孩子一起成长。

3

情绪稳定的父母，让孩子更有安全感

父母为什么会情绪失控

在“朵妈陪娃”公众号的后台，我经常收到这样的留言：有了孩子以后，总是控制不住自己，孩子一吵闹，就忍不住对孩子发脾气。等恢复理智了，又为自己的行为感到后悔。可是等到下一次，还是会这么做。

在这种循环中，父母既伤了自己，又伤了孩子，还破坏了家庭的氛围。父母为什么容易情绪失控，其实细想起来，原因大致有以下几个方面。

▲ 焦虑导致情绪失控

《2016年度中国亲子教育现状调查》的报告显示，87%左右的家长承认自己有过焦虑情绪。不得不承认的是，当看到身边一群人都在“鸡娃”，我们也会不自觉地对孩子提高要求。

人本能发泄的对象，一定是他身边比他弱小的人。我们在育儿的同时，还要面临各种各样的压力，当压力无法得到及时纾解时，就会转变成焦虑情绪。长期处于焦虑当中的人，自然没办法保持情绪稳定，因而容易导致向孩子发泄情绪。

不能控制情绪的人，大多因为内心的脆弱感和对自身生活无法掌控的恐惧。他们无法控制外在的环境，所以将注意力转向身边的亲人、弱势群体，以此来获得对于生活的掌控感。

▲ 对孩子期待太高

孩子没有按时睡觉、没有好好吃饭、没有背诵完古诗……这些常见的现象，对于平常心的家长来说，可能是小事一桩。

但是对于一部分对孩子抱有超高期待的家长来说，这些都是不能犯的大错，而且对孩子的这些“意外”一点就炸：赶紧去睡觉、蔬菜水果都要好好吃、为什么别人家孩子能背下来你就不行……

目的性越强的人，会对自己和身边人提出越高的要求，而且一旦事情达不到预期，就很容易陷入沮丧、焦虑中，继而变得愤怒。

▲ 不懂情绪管理

一个人童年时跟父母相处的模式，会影响到他成年后与孩子的关系。很多父母受原生家庭的影响，不懂得正确表达情感，更不知道如何做好情绪管理。再加上受限于过去的经验，情绪失控时才会那么暴躁，用父母曾经对待自己的方式来对待孩子。

情绪管理是为人父母的必修课

情绪管理有多重要呢？

美国心理学家费斯汀格在他提出的“费斯汀格法则”中指出：日常生活中的10%是由发生在你身上的事情组成，而剩下的90%则是由你对所发生的事情如何反应而决定的。也就是说，生活中10%的事情我们无法控制，但是我们却可以通过自己的情绪和行为来控制剩下的90%。

我一直强调做好情绪管理是为人父母的必修课，但是想要做好情绪管理并不容易，在这里跟大家分享几个我自己常用的方法。

▲ 暂离 1 分钟

当你察觉到自己心跳加速、面红耳赤，说话音量不自觉提高了几度时，就要留意了。可以尝试深呼吸几次，冷静一下，用言语暗示自己：要冷静，吼不能解决问题。

更有效的方法是跟孩子坦承自己的情绪，寻求他们的帮助："我现在很生气（很愤怒），如果再继续下去，可能会说出伤害你的话，但我不想这样，所以我需要先冷静 1 分钟，你可以帮帮我吗？"你会发现，当你说完这段话，你的情绪已经得到缓解，而孩子也会通过你的求助去调整自己的"错误行为"。

▲ 从源头解决问题

因为孩子认知有限，他们的行为存在随机性和不可控性，这就需要家长耐心地引导。很多时候，孩子的问题行为都不是孩子故意为之。因此当孩子不听话时，父母不要急于批评和指责孩子，而应该及时地调整孩子的行为，从源头解决问题。

另外，先处理情绪，再处理问题。很多时候父母发脾气，其实都是因为一些小事情，但是碰巧可能自己最近面临一些压力，或者生活中有一些不顺心的事，所以才会被孩子的一点小错误"点燃"。这个时候，先缓解自己的情绪是解决问题的关键，找伴侣沟通、找朋友倾诉、给自己放假等都是不错的方法。

▲ 写情绪日记

如果经常出现情绪失控的情况，建议借助写情绪日记的方式进行有效管理。例如，每天晚上睡觉前，花 10 分钟记录当天所体验到的情绪，在写的过程中也能完成自省和自我修复的工作。

给大家分享我自己常用的方法，我一般是这么记录的：

情绪：经历的情绪以及具体感受。

情景：当时发生的具体事情。

想法：我的想法是什么。

行为：我做了什么，或者想做什么。

朵妈游戏巧解难

之所以想跟大家聊情绪，是因为做情绪稳定的父母对孩子的成长来说太重要了。

如果父母容易情绪化，这对孩子来说无疑是场灾难，而更可怕的是，这场悲剧还会蔓延。长期在弥漫着坏情绪的家庭中长大的孩子，会故意用各种各样的方式让自己重复经历痛苦。心理学中把这种情况叫作“强迫性重复”。

我们是第一次做父母，孩子也是第一次做孩子，既然我们做不了一百分父母，又怎么能要求孩子做一百分孩子呢？

孩子的成长需要不断地试错，因为每一次的试错都能帮他获得新的认知。

情绪管理是一件需要长期学习的事，刚开始时肯定会很难，所以父母也不要有心理负担，一定要多跟孩子沟通。

我跟朵朵之间有一个“喊停”的约定，用来做我们之间的情绪管理暗号：当我情绪失控，而朵朵感觉到不舒服时，就可以喊“停”，刚开始时我也很难做到马上“刹车”，但是我会跟她说：“谢谢你提醒我，下一次也要记得提醒我。”

一方面朵朵的行为得到了肯定，让她有勇气对不好的情绪说“不”。另一方面，我们都能借助这个办法学会自省，从而达到更有效的沟通。

朵妈育儿经

“不让孩子做父母情绪的垃圾桶。”

育儿是一个漫长的过程，这个过程中一定会遇见大大小小不如意的事情。但是育儿先育己，当发现自己情绪不好时，我们需要正视这个问题，也要避免在情绪不好的当下与孩子沟通。

做好情绪管理并不容易，不如从平时生活的点点滴滴入手，克制、约束自己。相信当我们坚持用温和的态度与孩子对话时，孩子也会变得温和许多。

4

这些话你对孩子说了多少

语言暴力影响孩子性格的形成

> “你真给我丢脸。”
> “你怎么这么笨，你看某某从不让父母操心。”
> “真的是欠了你的，一点都不让人省心。”
> “连吃个饭都吃不好，你有什么用？”
> ……

“良言一句三冬暖，恶语伤人六月寒”，语言对人的影响可能远远超过我们的想象。

正如美国心理学博士马歇尔·卢森堡在《非暴力沟通》中说：也许我们并不认为自己的谈话方式是“暴力”的，但我们的语言确实常常引发自己和他人的痛苦。

上文列举的那些“伤孩子经典语录”，很多父母可能或重或轻地说了不少次。作为妈妈的我，其实很能够理解那些偶尔说了“重话”的家长，他们对孩子从来都是放在手心里呵护的，只是脾气一上来，很多话语就不经大脑地脱口而出，说完之后又感到后悔。

在这样一个恶性循环的过程中，父母和孩子的关系越来越远，父母变得不知道如何与孩子沟通，孩子也变得不愿与父母交流。因为这些不经意说出口的“恶语”，会给孩子造成不可挽回的伤害。

▲ 打击孩子的自信心

有些家长认为夸赞会让孩子骄傲自满，只有鞭策才能让他进步，所以在孩子完成一些事或达成一些目标后，家长不会给予肯定，而是说：“不要骄傲得意，比你厉害的人多了去了。”

本来孩子满心欢喜地分享自己的成绩，父母不但不鼓励，反而给他泼冷水，随着这样的情况越来越多，孩子的积极性会受到很大影响，甚至开始自我怀疑、自我否定。

▲ 缺乏安全感，猜忌心重

由于小时候遭受过语言上的伤害，而自身太过弱小又无法离开父母，孩子长大后通常会形成比较“扭曲”的情感认知。

例如，习惯性地用语言去伤害自己的爱人，如果对方包容自己又会后悔不已，自己都嫌弃自己。如果对方真的生气了，又会觉得“看吧，早知道你会离开我”。

我有一个小时候遭受过语言暴力的朋友，虽然现在拥有了美满的家庭，可还是极其缺乏安全感。即便是孩子童言无忌的一句“妈妈坏”，也会让她忧心很久，要跟孩子反复确认他是爱自己的才能放心。

▲ 压抑正当的欲望

我见过这样的家长，无论孩子想要什么玩具，他们都会以“咱家穷，买不起”为理由拒绝。而事实上，这些家庭虽然不是什么大富大贵之家，但是给孩子买玩具、衣服，满足孩子一些小要求是完全能够做到的。

“咱家穷，买不起”看似让孩子节俭不要花钱，但是却压抑了孩子正当的欲望。长大之后孩子对于物质上的需求，要么会拼命压抑自己，什么都舍不得买；要么就会变得购物欲超强，看见什么都想买。

非暴力沟通是父母的必修课

如果经常对学龄前孩子输出负面语言，很可能会让孩子形成消极的负面人格，产生自卑、内向、忧郁的心理，害怕与人相处，情况严重的还会导致他在长大后走上歪路。

亲子沟通的影响非常深远，而保持情绪的稳定，掌握恰当的方法，其实就可以获得不错的效果。

那么，在日常生活中我们应该如何避免暴力沟通？

▲ 对事不对人

孩子做错事了批评是应该的，但是批评应该是对事不对人。比如，孩子考试没考好，父母不应该指责孩子："你怎么这么蠢！""我就知道你粗心，你看你平时写作业时……"这时候家长需要冷静下来，不要"翻旧账"，仅对这次做错的题进行讲解，帮助孩子找到没有考好的原因，给他具体的建议，会取得更好的效果。

▲ 用鼓励代替批评

有一天，我和邻居小果妈妈一同在校门外等着接孩子，小果妈妈跟我抱怨说："都说了今天会下雨，可小果就是不肯带伞。我都把伞放进她书包里了，她还是给拿了出来。你看，等会儿她从学校出来肯定淋得一身湿。还不知道会不会感冒，真是太不省心了。"正说着，小果和朵朵撑着同一把伞有说有笑地走了出来。小果妈妈走上去就说："你看吧，我说了今天下雨要你带伞，你就不带。你这孩子怎么这么倔？我让你带伞还害了你？朵朵别给她撑伞，让她淋一回，淋一回她就知道长记性了。”

我赶紧拉住小果妈妈，对小果说：“小果真棒，知道跟朵朵撑一把伞。下次也跟朵朵分享一把伞好不好？”朵朵也开心地在一旁说：“小果，你的伞是不是也特别漂亮？下一次我撑你的伞，好吗？”小果开心地跟朵朵约定下次一起撑她的那把有冰雪奇缘图案的小伞。

同一件事，不同的表达会带来不一样的结果。相比于打压积极性的批评，鼓励会起到更正向的引导作用。

朵妈游戏巧解难

我发现很多家长不会正确表达感情，明明是关心的话，却非要用伤人的语气表达出来，即使很爱孩子也羞于表达，典型的刀子嘴豆腐心。

其实只需要适当调整一下表达方式，就可以让情况变得更好，例如，孩子在家不说话变得闷闷的，说“爸爸妈妈很担心你，如果有什么困难，说出来我们一起解决”一定会比说“你是噘嘴葫芦，

问你话，半天放不出个屁”效果要好。

转换沟通的语气和方式，不仅能够帮助我们转换情绪，还能让孩子真实地感受到父母的关心。

学会感情表达，学会非暴力的亲子沟通，是父母应该学习的一堂课。

只有当我们与孩子以心换心地沟通，孩子才会更愿意接受我们说的话、讲的道理，真正做到有效沟通。

朵妈育儿经

“语言堪比利刃，越是亲近的人越是需要把握语言的尺度。”

很多时候，我们总把情绪崩溃的一面毫无保留地展现给亲近的人，即使事后心怀愧疚，也很难将“对不起”说出口。于是，暴力沟通不断出现，亲密关系被破坏，亲近的人也变得疏远，甚至可能变成“最熟悉的陌生人”。

在我们与孩子沟通的过程中，更需要我们丢掉父母的“权威”，用平等的视角与孩子对话，命令式、指责式、规训式的表达，不是对孩子好，反而会给孩子造成伤害。

5

全职父母 & 职场父母如何陪娃

职场父母的艰辛陪娃路

我完全理解这位妈妈的纠结，她产假一结束就回到职场，婆婆成了带娃的“主力军”，但她和老公依然要花费很多时间来平衡家庭和事业之间的关系。

孩子小的时候还好，可这两年随着孩子慢慢长大，再加上她和老公的工作越来越忙，婆婆的身体越来越差，突发情况也变得越来越多。

“上个周末我原本是准备带孩子去公园玩的，前一天晚上还跟孩子讨论得特别开心。但临出发前却接到公司的电话，要我去处理一件紧急的工作。来不及跟孩子说什么，交代了老公几句就急匆匆地出门了，结果等处理完工作回到家，孩子已经睡着了。老公说孩子一整天都非常不开心，但却懂事地说：‘我知道妈妈很忙，我不生气。’”

那天晚上，这位妈妈再一次因为职场和家庭的平衡而陷入沉思：孩子想去海底世界说了很多次，她一拖再拖；现在孩子幼儿园都快要读完了，她却一次家长会都没参加过；孩子经常兴冲冲地让她读绘本，她却只能用手机回复工作信息……回顾孩子的成长，自己好像真的缺席了太多。

同样作为一名职场妈妈，她的心情我感同身受。因为工作比较忙，陪孩子的时间少，难免会对孩子产生愧疚。尤其是在孩子生病而自己却没办法陪在他们身边的时候，这种愧疚感会更加强烈。

选择职场还是家庭？这是一道艰难的人生选择题，对于职场妈妈来说如此，对于全职妈妈亦然。

▲ “完美妈妈”的枷锁

因为职场上的出色表现，我们会更有自信，甚至产生“我能应对好一切”的错觉。但事实上我们不是机器人，我们会面对工作的压力，也会遇到育儿的焦虑，这些都是再平常不过的事情。

不要强求自己去做“全能型”妈妈，可以跟孩子说：妈妈最近工作会很忙，陪你的时间会少很多，但这并不代表我没有之前那么爱你了。还可以跟孩子说：妈妈最近压力很大，很多事没有做好，心情也有些坏。当你跟孩子说明这些，他们会表示理解，甚至还会反过来安慰和鼓励你。适当示弱，也是育儿中值得学习的经验。

▲ 自我怀疑的全职父母

如果说职场父母充满了愧疚感，那么全职父母则是自我怀疑。

“不就是带个孩子吗？有那么累吗？”“专门在家带孩子都带不好！”“孩子怎么回事？你怎么管教的？”……这些话我们或多或少都有听到过，不被认可的委屈、不被理解的压力，对全职父母来说太常见了。

周围人的不认可让全职父母逐渐对未来产生迷惘，害怕自己长时间与社会脱节而失去职场竞争力，没有办法再回到职场，同时也害怕如果回到职场，孩子就会缺少陪伴，对孩子的成长产生不好的影响。

我发现全职父母还会陷入“社交自卑”的怪圈中，连续几年围着孩子转，没有自己的生活圈子，在跟他人打交道时就会觉得很自卑，从而不愿意去社交。

不管全职父母这类人群身上被设置了多少个标签，全职在家的我们都不要因此给自己设限。屏蔽掉周遭的声音，有底气地育儿，有底气地生活，才是对自己、对孩子负责任的态度。

陪娃重“质”不重“量”

时间不是唯一衡量父母陪伴孩子的标准。很多父母嘴上说着陪孩子，可实际上却手机不离身，也不会及时回应孩子的需求。陪着不等于陪伴，陪伴孩子需要投入感情，用心互动以及方式创新。分享几个我自己比较常用的陪娃方式，可以有效提升陪娃质量。

▲ 约定“家庭日”

对于很忙的家庭来说，可以约定一个“家庭日”。在这一天孩子放下所有的学习，父母放下手上的工作。这个家庭日可以是一周一次，也可以是一月一次。可以安排在家里一起做美食，还可以计划外出游玩，内容由孩子决定。

▲ 有效地碎片化陪娃

一天不管多忙，总要留出跟孩子相处的时间，比如孩子洗澡、吃饭和睡觉的时候，等等。利用这些时间跟孩子进行交谈，我们可以问问孩子一天的情况，还可以跟孩子玩一些简单的游戏，如果条件允许，建议固定抽出十几分钟的时间给孩子读一读睡前故事……抓住这些碎片化的时间，借助有效的方式跟孩子互动，同样也能给孩子带来十足的安全感和幸福感。

▲ 分工合作

家庭成员彼此之间的认可非常重要。不论是双职工家庭，还是其中一人全职在家照顾孩子，一家人都应该做好分工，彼此配合协作。没有谁是理所应当要为家庭付出多一些，只有共同的价值认知以及相互的尊重和感恩，才能最大程度地避免矛盾产生。

朵妈游戏巧解难

每个家庭情况不同，选择的育儿方式也不一样。作为父母，我们大可不必对自己这么苛刻，也不用太过在意他人的评价，少一些愧疚和自责，陪孩子的时候多一些用心和专心，才是我们最应该做的事。

所谓的用心和专心，最直接的表现是满足孩子的情感需求，让孩子知道，父母是爱他的。可以通过直接的语言和行动表示。就像我和朵爸，虽然平时工作都很忙，但我们习惯在跟孩子通电话结束前说“爱你”，在他们睡觉时和他们亲亲。而我和朵爸也会很直接地表达对对方的爱，这可以让孩子明确感知到，他的家庭关系是稳定且和谐的，他可以安心地做自己。

相比于想方设法地去平衡工作和生活，倒不如保持好的心态，在家庭和事业之间找到一种让彼此都感到舒适的状态。

工作繁忙的时候，我们大可以放心地拜托长辈帮忙照顾孩子，而不必心怀愧疚，因为认真工作的大人对孩子来说也是一个非常好的示范，可以让他们懂得爸爸妈妈都在为了让这个家变得更好而努力；当家庭遇到一些状况时，我们暂时性地放慢工作步伐，或者回到家中，也是不错的选择，

因为只有先处理好家庭的事，才能让我们更好地投入工作中。

所以不管是职场父母，还是全职父母，一定不要给自己太多压力，尽己所能地爱护好孩子，你就是好父母！

朵妈育儿经

“没有完美的父母，亦没有完美的人生。”

不管是职场父母还是全职在家带孩子的父母，只要尽自己所能地去爱、去付出，给孩子足够的爱和信心，那么，你所有的努力都会被看到，并且能够在孩子的生命中开花结果。

6

另一半缺席的家庭，如何正确育儿

“丧偶式育儿”

孩子渴了不知道给孩子倒水，孩子摔了不知道怎么回事，周末指望着一家人出去玩，但孩子爸顶多充当“车夫”的角色，陪玩上阵的还是妈妈……现在似乎越来越多的家庭，在一种“理所当然”的状态之下将陪伴和教育孩子的任务百分之百地交给了妈妈。

对于职场妈妈来说，下班回到家是继续“加班”；对于全职妈妈来说，则是全年无休且无薪的持续性“工作”。这样的现状导致越来越多的女性和我的朋友媛媛一样，放弃了对家庭分工的讨论和争取，反而认为“既然‘丧偶式育儿’无解，倒不如自己一个人带娃，还能更轻松些”。

造成这一现象的原因其实是多方面的，比如父责失职。爸爸没有承担起父亲的职责，加上妈妈天然对孩子的关心、事事做得周全，爸爸就更加理所当然地把很多事情交给了妈妈。这样的情况下，妈妈需要给爸爸分配明确的任务，才能让爸爸有行动力，比如，把“带孩子去玩”改成“陪孩子玩10分钟积木”，把“看着孩子”改成“11点给孩子拿杯酸奶，12点把饭菜热了”……

还有工作繁忙的原因。双职工家庭，爸爸妈妈的工作都很忙，随之而来的职场压力也不小。这就需要一家人分工合作、互相协助，妻子包容丈夫，丈夫理解妻子，在夫妻关系和谐融洽的基础上，一家人的相处会更加愉快，孩子的成长也会更加安心。

每个家庭的相处模式不一样，“丧偶式育儿”不是一日促成，因此改变也不是一朝一夕的事。而我的建议是，成年人先处理好彼此的关系，再去解决孩子的问题。

离异家庭也有完整的爱

相比于“丧偶式育儿”，离异家庭育儿是更艰难的问题。

根据民政局官方发布的数据，我国每年约有 400 万对夫妻离婚，而 2020 年全国平均离婚率更是达到了 39.33%。冰冷的数字背后，意味着离异家庭的增加，对于有孩子的家庭来说，育儿会变得更加有难度。

弗吉尼亚大学的心理学家梅维斯 · 赫瑟休顿的一项研究指出：来自单亲家庭的孩子，的确会在家庭结构出现变故后的一两年内表现出成绩下降、行为紊乱、自我评价低等问题。而从长期来说，绝大多数单亲家庭的孩子，都可以在至少第二年内自行恢复。

也就是说，离异会对孩子产生一定影响，但这些影响并不是绝对的，也不是不可消除的。

孩子的幸福不是由家庭的完整与否决定的，而是由他生活的环境幸不幸福决定。当然，这里幸福的概念是多元的、包容的，稳定和谐的成长氛围是其中的关键内容。

即使是离异家庭也一样可以给孩子提供良好的成长环境，而作为父母的我们又应该怎么做呢？

▲ 不在孩子面前诋毁另一半

如果夫妻之间出现了不可调解的问题，而最终选择以离婚的方式进行处理，这对双方和孩子来说都不是一件坏事。但是家庭结构、环境发生的变化，会给孩子造成短时的不适，这是需要引起重视的部分。

不管父母之间有怎样的矛盾，离婚当下乃至离婚以后，都有必要为了孩子保持体面。当然，父母应该通过语言、行动等多种方式让孩子明白：即使爸爸妈妈分开了，但是我们对你的爱永远不会变，你有任何想法都可以跟我们说。

无论最终孩子的抚养权归谁，双方都不要在孩子面前抱怨或诋毁另一半，因为这样做无异于借着孩子发泄，会给孩子造成自己的爸爸或妈妈不爱我也不可信的认知，进而对自己失去信心。

▲ 改变孩子对单亲的偏见

不要因为离婚给自己贴上“失败”的标签，也不要因此对孩子充满担忧或愧疚。孩子是很敏感的，如果父母长时间对离婚这件事耿耿于怀，甚至一直处在难受、郁郁寡欢甚至抑郁的状态，很容易让孩子也长期处于一种不安之中。

我们更需要保持平常的状态对待孩子，跟往常一样，跟孩子舒适地相处、耐心地沟通。

▲ 注意日常教养方式

单亲家庭需要给孩子足够的爱，但切忌因为对孩子有一种歉疚感而溺爱孩子。

首先，不要避讳在孩子面前谈感情，即使是生活中的小事也要多问问孩子的想法，不论是完整的家庭还是单亲家庭，亲子沟通都是尤其需要重视的事情。

其次，可以偶尔找一个异性朋友或亲戚陪陪孩子。在日常生活中，男人和女人看问题和处事方式都有不同，偶尔接触异性长辈，孩子会有不一样的感受，也能及时弥补单亲教育过程中的缺失，这对孩子的成长有好处。需要注意的是，当异性朋友跟孩子相处时，一定要确保有其他人在场哦。

朵妈游戏巧解难

我和朵爸平时工作特别忙，陪两个孩子的时间也不多，特别是朵爸还需要经常出差。但是对陪娃这件事，我们约定一定不能忽视。

在我们家，不仅不会出现“丧偶式育儿”，两个孩子还都特别喜欢跟爸爸玩，反而是我乐得清闲，只需要在一旁做个“没有感情的拍照机器”，记录这些珍贵的时刻。

朵爸每次出差都会打好几个视频电话，跟孩子们聊天。不加班的晚上，朵爸喜欢给孩子们讲睡前故事。周末和假日一定会想方设法抽出时间带一家人出去玩……

有时候看朵爸工作都累得不行了，却还是找各种细碎的时间陪孩子玩游戏，我有点心疼他，让他去休息，结果他回答我：“陪娃怎么就不是休息呢？我觉得跟孩子们在一起最放松。而且你和外婆带娃也很辛苦呀，我应该和你们一起分担。”

朵爸的观点是，做了爸爸就有一份责任，都说工作忙，可是谁不忙呢？时间挤一挤还是有的，但是错过孩子的成长就真的很遗憾了。朵爸心疼我，我也心疼他，有了这份理解和包容，才会让日常生活中的许多事情变得轻松。

另外，父母在陪伴孩子时，不要简单地以时间这个唯一的标准来约束自己，更需要借助好玩的方式、耐心的交流给予孩子心灵的陪伴。父母全心全意的陪伴，会给孩子长期的能量。

朵妈育儿经

“营造健康、良好的家庭关系，需要每一个家庭成员的共同参与。”

轻松且稳定的家庭环境能够培养孩子健全的人格，这需要每个家庭成员的高度重视和积极参与。不论是“丧偶式育儿”的家庭还是单亲家庭，父母都应该反思，自己是否在育儿这件事情上，给了孩子足够的爱和恰当的教育。

我相信，只要我们做得足够好，那么孩子就一定能够感受到。

7

多孩家庭，怎样做到平衡

关系大于教育

随着三胎政策的开放，多孩家庭越来越多，“如何平衡几个孩子之间的关系”成了很多令父母头疼的问题。

孩子在成长期，对安全感有强烈的需求，这使得他们在很长一段时间里特别依赖父母。对多孩家庭的父母来说，难以将注意力平均划分给每个孩子。随之会出现孩子哭闹、争宠甚至打架等情况。

其实，多孩家庭遇到的问题归根到底是孩子间的关系问题。因此，在多孩家庭的亲子教育中有一条重要的原则：关系大于教育！

如果家庭成员关系良好，彼此之间尊重、信任，并且乐于分享、彼此相爱，那么，孩子们也会在相亲相爱的氛围里和谐相处，愉快地陪伴彼此成长。

不过，在多孩家庭里，父母应该怎么做才能让他们和平共处呢？

▲ 提前跟孩子进行沟通

新生命的诞生会对原本的家庭结构带来一定的影响，比如，一直备受瞩目的孩子要面临着“我的爱要被分走一半”“爸爸妈妈不要我了吗”的不安感，这种不安感会影响孩子今后跟弟弟妹妹相处时的态度。

我的建议是可以在怀孕初期，或是在准备要二胎或三胎的时候跟孩子好好聊聊，问一问他们的感受和想法。如果孩子是开心地接受，那么可以聊聊宝宝出生之后如何相处；如果孩子表现得很排斥，就需要父母耐心地跟孩子沟通、说明，弟弟或妹妹的到来不仅不会分走爸爸妈妈的爱，还会多出一个爱他的人。

▲ 适当给大孩子一些权力

小宝出生第一年，全家人的注意力难免会集中在照顾小宝上，为了避免对大孩子的忽视，我们可以邀请大孩子参与到带娃的工作中来，帮忙做一些简单的小任务，比如拿尿布、陪小宝玩，等等。既能让大孩子收获被需要的成就感，还能培养孩子当哥哥或姐姐的责任心，为孩子之间奠定良好的情感基础。

▲ 不插手孩子之间的矛盾

随着孩子慢慢长大，几个孩子之间难免会出现一些争吵和矛盾。这种情况是非常常见的，父母想要把它处理好，有一个最重要的原则：孩子的事情交给孩子。

不要让“弟弟或妹妹小，你要让着他”这句话伤了大孩子的心，尽量“公平公正”地去协调。如果担心自己没办法公平对待，就尽量保持中立，在确保孩子不伤害对方的基础上，不要轻易地去插手两个孩子的矛盾，让他们自己去沟通、去解决。

父母怎样做到不偏心

在多个孩子的家庭里，父母想要做到完全不偏心，其实是很艰难的。在“朵妈陪娃”公众号后台，我经常收到这样的留言：大宝和二宝之间闹矛盾怎样解决？生活中我也经常听到朋友抱怨，两个孩子实在太难带了！

一方面是父母在不自知的情况下偏心其中一个孩子，一方面又是几个孩子个性、习惯存在极大的差异。因此，想让几个孩子自然而然就相亲相爱，难度确实很大。

当然，更加让人煎熬的是，一旦做了偏心的事，当妈的会内疚、会觉得老大有些可怜，但之后还会不由自主地把注意力倾斜到小宝宝身上。

其实这种“偏心”，更多的是你脑子里做出的一个优先级排序。

每个经历过产后阶段的妈妈应该都会有感受，我们好像突然变笨、变傻了——忘性大、会做一些重复的事，脑袋似乎变迟钝了……这种“笨”除了睡不好之外，还有一个很重要的原因，是我们脑子里的优先级排序变了——每个妈妈脑子里都有一张烦琐的任务清单，而与小宝宝有关的事情天然地被我们排在了前面。

那么，在这样的情况下，我们要如何避免偏心的情况继续发生？

▲ 不比较

孩子不是生产线上的产品，而是独立的个体，他们的个性、喜好全然不同。

父母也许会不自觉地喜欢那个更贴心、更乖巧的孩子，但是我们也不要忽视另外一个有点粗心、有点调皮的宝贝。当然，更不要用一个孩子的优点去要求其他孩子，也不要要求每个孩子都表现得一模一样，欣赏孩子不同的性格特点，尊重孩子的想法，才会发现每个孩子身上的闪光点。

▲ 多聆听

其实孩子的需求很简单——被看到、被听到，而父母需要做的也很简单——多聆听。尤其当家里有多个孩子，父母又精力有限的时候，被忽视的那个孩子更需要被家人看到和听到。

我的建议是一定要跟孩子约定一个专属的陪伴时间，在这彼此单独相处的时间里，爸爸或妈妈要多听、多感受，及时了解孩子的情感需求，并借助多种方法予以满足。

朵妈游戏巧解难

其实不论是有一个还是多个孩子，作为父母都应该在孩子出生之前明确一件事情——我为什么要这个孩子。是仅仅想享受做父母的快乐，还是想陪伴孩子一起成长，肩负起一份责任，将家里的幸福放大，从两人之间的甜蜜变成一家几口之间的温馨？

我记得豆豆出生不久，朵朵就总气呼呼地说我偏心弟弟，还做了不少“坏事”来吸引我的注意。于是我就借着弟弟睡着之后、哄她入睡前的这段时间跟她聊了好几次。记得那段时间她跟我说的比较多的就是：妈妈，我觉得你不爱我了。

第一次听到这话的时候，我觉得很诧异：难道我这么多年对她的爱，她都感受不到？

接下来，我慢慢跟她聊我的感受，和她分享我的想法：你和弟弟都是妈妈的宝贝，你可能看到妈妈给弟弟的爱多一些，但你马上 6 岁了，妈妈给你的爱是不是有 6 年了呀？而弟弟还不到 1 岁，你算一算，妈妈给谁的爱多一点？

我也会直接跟她说：现在你看到我对弟弟做的这些事情，都是你小时候我对你做过的，你知道吗？所以现在，我特别需要你来帮帮妈妈，和我一起分担，你看行吗？

虽然朵朵还小，一时半会儿并不会明白这些细节和我的想法，但是我认为还是有必要跟她沟通，而且有必要让她参与到照顾弟弟这件事情中来。

如果父母向孩子们传达的是——我们是一家人，要彼此尊重、互相信任，相信孩子们也会相处得很有爱。

朵妈育儿经

“孩子之间的事情，就让孩子自己解决。”

多孩家庭是一件幸福的事，作为家长，我们认真做好沟通，给孩子的爱注意合理分配，在孩子的对错上不“站队”。孩子们就会亲密无间，互帮互助，手足情深。

附录：利用亲子游戏，提升陪娃质量

爱玩是孩子的天性，也是孩子蓬勃生命力的来源。孩子享受游戏里的规则感，享受通过游戏探索世界，同时在游戏中还能反映出孩子内心的需求。

愿意陪孩子玩游戏的父母，能理解孩子的童真，让他们享受在游戏里单纯的快乐，从小就给孩子建立了满满的安全感，也给予他长大后独立的信心和勇气。

了解我的家长都知道，从朵朵 1 岁开始，到现在 7 岁多，我带她解锁了几百个游戏，也一直提倡“游戏育儿”。

从创号到现在，我也与大家分享了数百篇亲子游戏的文章，每篇文章都在不遗余力地向大家介绍各种游戏的好。

综合家长们的反馈以及带朵朵的实践经验，在上千篇文章里，“用游戏解决孩子不听话问题”是最受欢迎的，也是最有效果的。

除了前文里提到的那些亲子游戏，我还根据孩子的能力培养，有针对性地挑选了一些亲子游戏，都是比较简单和易操作的，家长和孩子随时随地都能愉快地玩起来。

朵妈游戏巧解难

纸筒迷宫

适合年龄：2 岁 +

准备材料：1 个纸盒，1 个小球，若干个卷纸芯，1 卷胶带，1 支笔

步骤：

① 准备一个无盖的纸盒；

② 卷纸芯贴上胶带，错乱地固定在纸盒内；

③ 把小球放进盒子里，让孩子做“掌舵手”，通过摇晃纸盒的方式让球体通过卷纸芯；

④ 还可以用不同颜色的胶带来固定卷纸芯，让孩子按照指定的颜色顺序将球滚过这些卷纸芯。

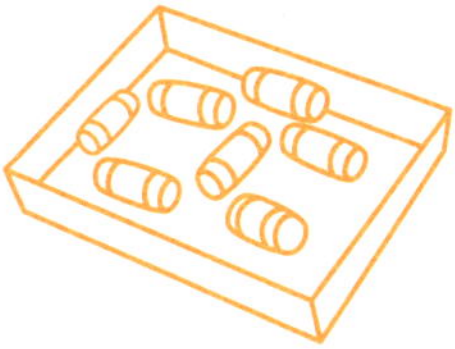

朵妈说：

纸筒迷宫是一个考验孩子手眼协调能力的游戏，也考验孩子的专注力，同时对培养孩子的耐心有很大的帮助。随着孩子年龄的增长，游戏的难度可以随之递增，如：增加卷纸芯的数量，提高“迷宫”的复杂程度等。

绘制自己

适合年龄：2 岁 +

准备材料：一张大到足够让孩子躺下的纸，各色颜料、彩笔、铅笔或蜡笔，安全手工剪，双面胶

步骤：

① 让孩子躺在纸上，然后沿着孩子身体在纸上画一个轮廓；

② 让孩子给自己的“身体”穿上漂亮的“衣服”：

- 用颜料填写细节；
- 在画画的过程中，和孩子沟通：头发是什么颜色？穿什么样的衣服？脸上的表情是什么样呢？侧面引导孩子往更大空间去发挥他们的想象力。

③ 装饰完成之后，用剪刀沿轮廓剪出一个和孩子大小一样的模型。

朵妈说：

这个游戏能很好地帮助孩子认识自己，在游戏的过程中还可以给孩子做一些性教育启蒙，告诉孩子身体被衣服遮住的地方是我们的隐私部位，除了父母和亲密的人，其他人不能触碰。此外，这个游戏还能激发孩子的想象力。

词语骰子

适合年龄：3 岁 +

准备材料：2 个纸质骰子，1 支记号笔

步骤：

① 用硬纸板制作 2 个骰子，也可以使用正方形盒子；

② 在骰子的 6 个面上写上孩子熟悉的词语，1 个骰子上写名词，1 个骰子上写动词；

③ 让孩子依次向空中抛掷两个骰子，根据骰子正上方显示的两个词语进行组词成句，比如，骰子一“妈妈”，骰子二“睡觉”，孩子可以说：“妈妈陪宝宝睡觉。”

朵妈说：

成人可以通过不同的方式表达自己的情绪，而孩子因为词汇的匮乏和表达能力欠佳，只能通过“叛逆”的行为来表达情绪。因此，帮助孩子增强表达力尤为重要，当孩子懂得借助语言来表达情绪时，也能减少不当行为的发生。

纸杯保龄球

适合年龄：3 岁 +

准备材料：纸杯若干、小球

步骤：

① 先让孩子把纸杯叠高，来个纸杯叠叠乐；

② 再让孩子用小球对准纸杯金字塔精准一击（可以设置一个比赛，谁击落的纸杯多谁就获得胜利）；

③ 另外，还可以不断改变小球的出发位置，调整距离，不断增加游戏的难度。

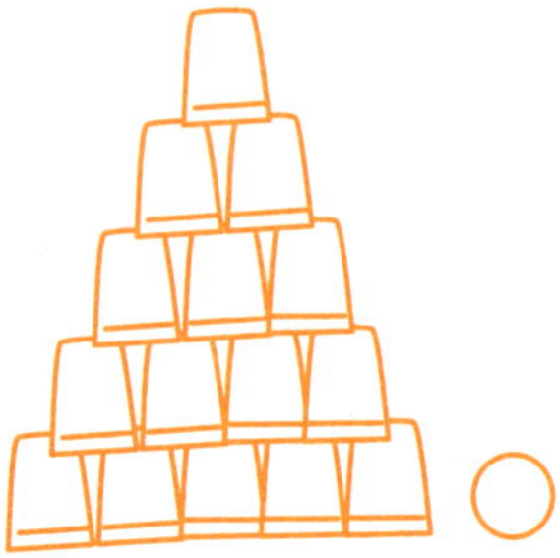

朵妈说：

纸杯叠叠乐与保龄球的玩法设计，能很好地锻炼孩子的精细运动能立。另外，对于培养孩子的耐心、专注力也有很大的帮助。

纸托盘钟表

适合年龄：4 岁 +

准备材料：一个纸托盘，2~3 颗图钉（图钉较尖锐，家长须陪同），1 支画笔，1 盒颜料，2~3 张彩色卡纸

步骤：

① 用画笔在纸托盘中心涂满颜色，接着在边缘写上钟表的时间 1~12 点；

② 用彩色卡纸剪出两个箭头，并用图钉将箭头钉在纸托盘中心位置，当作钟表的时针和分针；

③ 用剩下的彩色卡纸剪出钟表的钟摆部分，用图钉将它和纸托盘连接在一起；

④ 转动钟摆，与孩子进行互动提问“现在几点了”，教孩子认识钟表与时间。

朵妈说：

和孩子一起制作纸托盘钟表，可以强化孩子的时间观念，让孩子对时间有更具象的认知。借此道具，让孩子学习对时间的规划和管理，帮助孩子建立正确的时间观念。

游戏道具的制作，不仅能锻炼孩子的动手能力，对培养孩子的耐心和专注力也有很好的帮助。

射击游戏

适合年龄：4 岁 +

准备材料：1 个大纸箱，若干卷纸芯，若干海洋球，玩具枪，安全手工剪，透明胶，记号笔

步骤：

① 将卷纸芯裁剪成长短不一的柱子；

② 在卷纸芯上标注不同的分数；

③ 把卷纸芯固定在纸箱上，然后在卷纸芯上放置海洋球。根据分值的大小，设定卷纸芯的摆放位置，分值越高的卷纸芯摆放到越隐秘的位置。

游戏规则：

A. 站在指定的位置进行射击；

B. 参与游戏者每人有 3 次射击机会，3 次累计分数最高的为冠军；

C. 射中的海洋球对应卷纸芯上的分数，获得分数越高，奖励就越多。

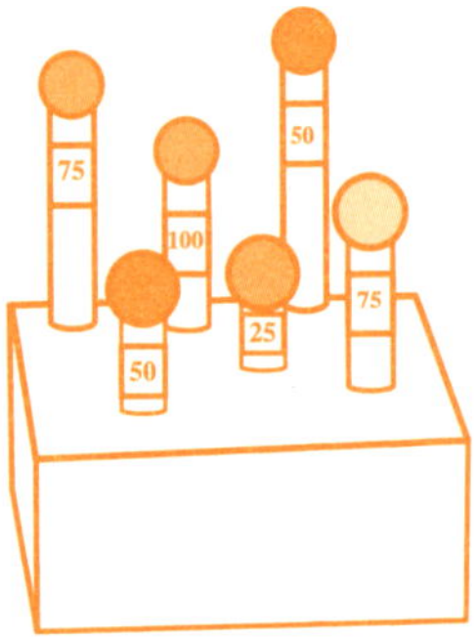

朵妈说：

通过游戏帮助孩子建立规则意识，鼓励孩子自己邀请游戏参与者，帮助孩子更好地适应和融入集体生活。另外，射击游戏能够很好地锻炼孩子的手眼协调能力，培养孩子的专注力。

跳字母

适合年龄：5 岁 +

准备材料：粉笔

步骤：

① 用粉笔在空地上画一个大大的 36 宫格；

② 可以不按顺序写下不完整的 26 个字母，让孩子补充完剩余的字母；

③ 结合跳跃游戏，发令者给出词语，跳跃者按顺序跳出正确的拼音字母，如，发令者给出“雨伞”，跳跃者需要依次跳“y-u-s-a-n”这 5 个字母。

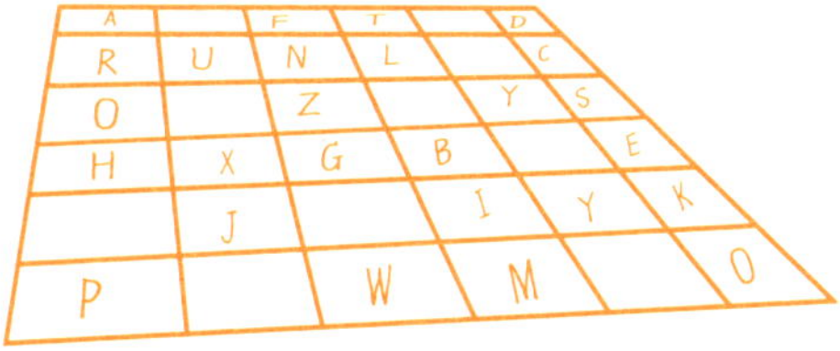

朵妈说：

这个游戏不仅考验孩子的反应能力，还可以帮助孩子扩展知识面。在游戏过程中，需要孩子沉着冷静地思考，同时还需要游戏者之间的互动，这些对培养良好的亲子关系有很好的促进作用。

图书在版编目（CIP）数据

爱的教养：亲子三分钟共情陪伴养育指南 / 朵妈陪娃团队著. -- 北京 ：中国妇女出版社，2022.1
ISBN 978-7-5127-2056-5

Ⅰ.①爱… Ⅱ.①朵… Ⅲ.①家庭教育－通俗读物 Ⅳ.①G78-49

中国版本图书馆CIP数据核字（2021）第228509号

爱的教养——亲子三分钟共情陪伴养育指南

作　　者：朵妈陪娃团队　著
责任编辑：朱丽丽
封面设计：今亮後聲 HOPESOUND 2580590616@qq.com · 赵晓冉
封面插画：hshs_studio@yeah.net 绘声绘色工作室
责任印制：李志国
出版发行：中国妇女出版社
地　　址：北京市东城区史家胡同甲24号　　邮政编码：100010
电　　话：（010）65133160（发行部）　　65133161（邮购）
网　　址：www.womenbooks.cn
法律顾问：北京市道可特律师事务所
经　　销：各地新华书店
印　　刷：天津画中画印刷有限公司
开　　本：145×210　1/32
印　　张：9
字　　数：200千字
版　　次：2022年1月第1版
印　　次：2022年1月第1次印刷
书　　号：ISBN 978-7-5127-2056-5
定　　价：49.80元